edition suhrkamp 2744

1989 sah es so aus, als sei der Westen der alleinige Sieger der Geschichte. Heute klingt der damalige Triumphalismus mehr als schal. Was ist schiefgelaufen? In einer Reihe thematisch verflochtener Essays sucht der vielfach ausgezeichnete Historiker Philipp Ther nach einer Antwort. Er befasst sich u. a. mit wirtschaftspolitischen Irrwegen seit der Wiedervereinigung (von der Treuhand bis zu Hartz IV), analysiert die Entwicklung der USA ab den Clinton-Jahren und fragt, warum Russland und die Türkei sich vom Westen abgewandt haben. Anknüpfend an Karl Polanyis bahnbrechendes Buch *The Great Transformation* aus dem Jahr 1944, rekapituliert Ther die rasanten Veränderungen der letzten drei Jahrzehnte, die westlich des ehemaligen Eisernen Vorhangs nicht minder dramatische Folgen hatten als östlich davon.

Philipp Ther, geboren 1967, ist Professor am Institut für Osteuropäische Geschichte der Universität Wien. Für sein Buch *Die neue Ordnung auf dem alten Kontinent. Eine Geschichte des neoliberalen Europa* (st 4663) wurde er 2015 mit dem Sachbuchpreis der Leipziger Buchmesse ausgezeichnet. 2019 erhielt er den Wittgenstein-Preis des Wissenschaftsfonds FWF. Zuletzt erschien *Die Außenseiter. Flucht, Flüchtlinge und Integration im modernen Europa*.

Philipp Ther

Das andere Ende der Geschichte

Über die Große Transformation

Suhrkamp

3. Auflage 2020

Erste Auflage 2019
edition suhrkamp 2744
Originalausgabe

Satz: Satz-Offizin Hümmer GmbH, Waldbüttelbrunn
Druck: Druckhaus Nomos, Sinzheim
Umschlag gestaltet nach einem Konzept
von Willy Fleckhaus: Rolf Staudt
Printed in Germany
ISBN 978-3-518-12744-5

Inhalt

1. Neoliberalismus, Illiberalismus und die Große Transformation nach Karl Polanyi

Unter amerikanischen Psychologen und Psychotherapeuten kursiert ein neues Krankheitsbild. Es heißt »Trump Anxiety Disorder«, die Symptome umfassen »Paranoia, Hypervigilanz, Angstzustände, Intrusionen, Depressionen, somatische Beschwerden, Konzentrationsstörungen, Schlafprobleme und Alpträume«. Die ersten verstörten Patienten erschienen nach dem Wahltag im November 2016 in den Praxen, seitdem hat sich das Krankheitsbild verfestigt. Im Sommer 2018 gab die Zeitschrift *Psychology Today* Empfehlungen für den Umgang mit der »Trump Anxiety Disorder«: Die Psychotherapeuten sollen mit ihren Patienten über ihre Ängste und generell über Politik reden und dabei versuchen, deren Bedeutung für das persönliche Wohlbefinden zu relativieren.[1]

Ich bin mir nicht sicher, ob noch mehr Diskussionen über Trump die Lösung des Problems oder ein Teil der Misere sind. Mich verfolgt er jeden Morgen, wenn ich aufstehe und im Bad und der Küche das Radio einschalte. Ich höre eine der New Yorker Public-Radio-Stationen, die ähnlich wie die öffentlich-rechtlichen Spartenprogramme in Europa fundierte Nachrichten und eine gute Musikauswahl bieten. Gefühlt befasst sich jeder zweite Beitrag mit den neuesten Tweets, Behauptungen und Aktionen des Präsidenten sowie den Reaktionen der Opposition. Die Printmedien sind ebenso auf Trump fixiert. Als wir im August 2018 für ein Jahr nach New York ziehen, leiste ich mir den Traum meiner Studententage, für den mir Anfang der Neunziger das Geld gefehlt hatte, ein Abonnement der *New York Times*. Heutzutage bekommt man zur Printausgabe die elektronische Version dazu, die vom Verlag mit einer Push-Funktion ausgestattet ist:

Bei jeder Eilmeldung brummt und blinkt das Smartphone, was mir morgens am Frühstückstisch missbilligende Blicke meiner Familie einbringt. Als pädagogisch weitsichtige, in den Augen unserer Kinder vermutlich übergriffige Eltern haben wir bei Tisch die Benutzung von Smartphones untersagt, damit wir nicht ständig auf die Displays starren wie grob geschätzt die Hälfte aller amerikanischen Restaurantgäste und damit wir als Familie noch miteinander kommunizieren.

Nach zwei Monaten Trump-Brummens und -Blinkens habe ich die Push-Funktion entnervt abgeschaltet. In einem Selbstversuch habe ich dann begonnen, das Phänomen Trump von der Seite seiner Anhänger zu betrachten und daher Fox News geschaut. Doch das wirkt auf meinen Seelenzustand ähnlich wie die dreißig Tage Fast Food, denen sich der Regisseur Morgan Spurlock 2004 in seinem Film *Super Size Me* bei McDonald's unterzog. Man bekommt unzählige Interviews und Nachrichten mit darunter blinkenden Bannern serviert, aber das aufgeregte Infotainment schlägt schnell auf den Magen. Wahrscheinlich empfinden das die Fans von Donald Trump genauso, denn bei Fox News und in den republikanischen Social-Media-Foren geht es ständig um Krisen und Gefahren, verursacht von angeblichen Horden illegaler Migranten, gegen die der tatkräftige und patriotische Präsident leider so wenig machen kann, weil ihn die linksliberalen Eliten daran hindern und weil die Justiz und das FBI ihn sekkieren. An diesen Unsinn und an Trump glauben laut Umfragen immer noch mehr als vierzig Prozent der Amerikaner. So versinkt ein ganzes Land in schlechter Laune, die einen, weil sie die politischen Verhältnisse nicht mehr ertragen können, die anderen, weil sich an den behaupteten und tatsächlichen Missständen nichts ändert.

Meist ist die Haltbarkeit und Bedeutung der frei Haus und Handy gelieferten Nachrichten sowieso gering. Ob Trump

Mexiko mit Strafzöllen erpresst, damit der südliche Nachbarstaat Migranten vor der Grenze abfängt, seinen Kalten Krieg mit China führt oder seinen allerbesten Freund Kim Jong-un abwechselnd umschmeichelt und bedroht – in der Regel geht es gar nicht um die Sache, sondern nur darum, Themen zu besetzen und das eigene Image zu pflegen. Es reicht, die Neuigkeiten am nächsten Tag gedruckt zu lesen oder einfach ein paar Wochen oder Monate zu warten, bis der nächste geniale Deal vereinbart ist oder eben nicht, weil es den Parteistrategen aussichtsreicher erscheint, einen Konflikt am Köcheln zu halten, anstatt ihn zu lösen. Aber sind partielle Medienabstinenz und der Rückzug ins Privatleben – ein postmodernes Biedermeier – eine sinnvolle Lösung? Ist die Demobilisierung der Opposition und des politischen Mainstreams, die angewiderte Abwendung von der Politik nicht genau das Ziel von Trump und anderen Rechtspopulisten? Mir erschien es als die beste Lösung, einmal innezuhalten und darüber nachzudenken, wie es dazu kommen konnte, dass die älteste westliche Demokratie von jemand regiert wird, der in seinen Tweets täglich Unwahrheiten, Eitelkeiten und Beleidigungen von sich gibt. Verdankt er seinen Erfolg sich selbst oder der Schwäche der politischen Konkurrenz? Ich habe keine rasche Antwort auf diese Frage parat, doch ich denke, dass es produktiver ist, vor der eigenen politischen Haustür zu kehren, als mit dem Finger auf die sogenannten Rechtspopulisten zu zeigen, die sich über derartige Aufmerksamkeit letztlich nur freuen.

Das Nachdenken über die Schwäche der Linken und der Liberalen führt mich in meine eigene Vergangenheit, in die neunziger Jahre, als ich zweimal ein Jahr in den Vereinigten Staaten verbrachte, zuerst 1992/93 als Fulbright-Student in der Hauptstadt Washington, D.C., anschließend 1997/98 als Postdoc in Boston. Im zweiten Essay dieses Buches geht es vor allem um diese Zeit, als die USA wirtschaftlich, politisch und militärisch noch die Hegemonie über einen Großteil der Welt innehatten und in vielen Bereichen als Vorbild wahrgenommen wurden. Es galt damals als »cool«, in den USA zu studieren oder zu arbeiten. Hinter der Fassade des Booms zeichneten sich allerdings wachsende soziale und politische Probleme ab, auf die viele der Verwerfungen seit 2016 zurückgehen. Darum soll es hier gehen – und wie gesagt stets unter dem Motto des Kehrens vor der eigenen Haustür.

Mein Stipendium an der Georgetown University und der spätere Job an der Harvard University beruhten auch auf einer biografischen Besonderheit. 1989 erlebte ich aufgrund familiärer Beziehungen einen Teil der Samtenen Revolution in der Tschechoslowakei mit. Das machte offenbar die Georgetown University neugierig, die damals wie heute sehr am östlichen Europa interessiert war. Ich frage mich daher auch als 89er, was zum Annus horribilis von 2016 führte, als die Engländer mehrheitlich für den Brexit votierten, die Amerikaner ihren gegenwärtigen Präsidenten wählten (seinen Namen nicht zu nennen, hilft manchmal auch schon, um keine schlechte Laune zu bekommen) und als Schlusspunkt die Italiener im Verfassungsreferendum gegen den bislang letzten umfassenden Versuch stimmten, ihren maroden Staat zu reformieren. Die politische Misere Italiens und der präzedenzlose wirtschaftliche Abstieg eines entwickelten Industrielandes, der wie ein Menetekel über der EU und der Eurozone schwebt, sind das Thema eines weiteren Beitrags.

Anfang der neunziger Jahre war es noch Deutschland, das in der EU regelmäßig den letzten Platz in den Statistiken zum Wirtschaftswachstum belegte. In meinem dritten Essay gehe ich den Gründen für diese »Einheitskrise« nach, die ich ebenfalls aus nächster Nähe miterlebte, denn nach meinem ersten Aufenthalt in den USA zog ich 1994 nach Berlin und war dann für meine Dissertation über die Flüchtlingsintegration in Ostdeutschland und Polen in sehr vielen Landes- und Kreisarchiven der ehemaligen DDR unterwegs. Ende der Neunziger schien die Bundesrepublik in einem Teufelskreislauf aus steigenden Arbeitslosenzahlen, Staatsschulden und Steuern sowie schwachem Wirtschaftswachstum gefangen, der dann zu den rot-grünen Sozial- und Arbeitsmarktreformen führte.

Der Terminus »Einheitskrise« hat einen tieferen Sinn, denn er verweist statt auf die DDR, der in den Neunzigern reflexhaft die Schuld an allen möglichen Problemen zugeschoben wurde, auf die Fehler und unbeabsichtigten Nebenwirkungen bei der Vereinigung der beiden deutschen Staaten. Vielleicht ist das 30. Jubiläum des Mauerfalls eine gute Gelegenheit, eine kritische Debatte anzuregen, die bislang weitgehend ausgeblieben ist. Das lag daran, dass andere Themen die Aufmerksamkeit absorbierten, zunächst die Hartz-Reformen, bald darauf die große Krise von 2008/09, einige Jahre später die von Deutschland mitverursachte Eurokrise und schließlich die Aufnahme von mehr als einer Million Flüchtlingen. Der in der letzten Dekade wieder wachsende Wohlstand hat dazu beigetragen, dass die Probleme der neunziger Jahre in den Hintergrund gerückt sind. Doch die Wahlerfolge der AfD in Ostdeutschland und im wohlhabenden Süden der Bundesrepublik haben den Bedarf für kritische Debatten offenkundig gemacht.

Wenn ich als Historiker über vergangene Fehler schreibe und spreche, bekomme ich oft die Frage gestellt, ob es denn Alternativen dazu gegeben hätte. Der Verlauf der Geschichte spricht implizit dagegen, daher neigen Historiker aller Richtungen, keineswegs nur Marxisten, zu der Ansicht, dass es kam, wie es kommen musste. Es ist schwer, gegen die Kraft des Faktischen anzuschreiben, das gilt insbesondere für die Periode nach 1989, als Reformen oft als »alternativlos« präsentiert wurden.

Trotz des scheinbar unausweichlichen Laufs der Geschichte beharre ich hier auf meinem Credo, dass diese grundsätzlich offen ist und langfristige Entwicklungen auch von Konstellationen und Kontingenzen, vulgo Zufällen, abhängen. Man kann dies anhand von Einzelereignissen erkennen, etwa der glücklichen Fügung, dass im Herbst 1989 die Regierungen der DDR oder der Tschechoslowakei keinen Schießbefehl erteilten, obwohl die jeweiligen Hardliner in den Parteiapparaten das verlangten. Wie der New Yorker Wirtschafts- und Sozialhistoriker Adam Tooze gezeigt hat, endete die Finanzkrise von 2008/09 nicht wie die Weltwirtschaftskrise von 1929, weil nach der Pleite von Lehman Brothers das Finanzministerium in Washington und die amerikanische Zentralbank den finanziellen Flächenbrand mit präzedenzlosen staatlichen Interventionen löschten.[2] Gerade noch einmal gut gegangen – kann man auf der Basis seines Buches sagen. Doch der enge Verbund zwischen den politischen und finanziellen Eliten lieferte den radikalen Republikanern der »Tea Party«-Bewegung und Donald Trump Munition für die Wahlkampagne von 2016. Sein Sieg beruhte auf einer Verkettung negativer Umstände. Der Rechtspopulist hätte kaum gewonnen, wenn bei den Republikanern überzeugendere Gegenkandidaten angetreten wären und die Demokraten nicht so einen miserablen Wahlkampf geführt hätten. Dennoch war die Präsidentschaftswahl von 2016 kein Unfall der Geschichte, wie man anhand der republikanischen Mehrheiten im Senat und Abgeordnetenhaus erkennen kann, sondern der Endpunkt längerer Entwicklungen.

Auf all diese Schlüsselmomente der Zeitgeschichte wirkten langfristige Ursachen, Rahmenbedingungen und Strukturen ein. Es ist für Historiker leichter, diese in weiter zurückliegenden Epochen zu erkennen, wenn der zeitliche Abstand einen distanzierten Blick ermöglicht. Dennoch ist es nicht verfrüht zu sagen, dass spätestens mit dem Annus horribilis von 2016 eine Ära endete, in der nach dem bekannten Aufsatz von Francis Fukuyama nur ein bestimmtes Ende der Geschichte vorstellbar erschien, eine Kombination aus schrankenlos freier Marktwirtschaft und liberaler Demokratie.

Dieses doppelte Telos bestimmte auch den Horizont der sogenannten »Transitology«, die sich mit der Transformation des postkommunistischen Europa sowie vergleichend mit anderen Teilen der Welt, vor allem Lateinamerika, befasste. Dreißig Jahre später zeigt sich mit Blick auf China, Russland und innerhalb der EU auf Ungarn, dass der Kapitalismus offenbar auch ohne Demokratie oder nur mit einer demokratischen Fassade funktionieren kann. Welche Rückwirkungen hat das auf die Gesellschaften, die man vor nicht allzu langer Zeit als »den Westen« zusammengefasst hat?

Ist der Grund für die viel diskutierte Krise der Demokratie eher die Systemkonkurrenz von außen, durch die erwähnten autoritären Regimes und Diktaturen? Oder sind die inneren Zerfallserscheinungen das größere Problem? Die verbreitete Verunsicherung und Ratlosigkeit sowie die wachsende Macht von Autokraten und von gewählten Politikern, die das gerne werden würden, haben mich dazu motiviert, die folgenden Essays und Analysen zu schreiben. Es ist selbstverständlich nicht das erste Buch zu diesem Themengebiet; die amerikanischen und europäischen Buchläden sind seit 2016 voll mit Titeln über den Rechtspopulismus und die Krise der liberalen Demokratie, ebenso Fachzeitschriften, Publikumsjournale und die sozialen Medien. Vielleicht ist die Vielzahl an Publikationen sogar eine Form des akademischen Populismus. Mit dem Begriff des Rechtspopulismus wird in der Politikwissenschaft häufig eine *Form* der Politik bezeichnet; darauf werde ich im Text über die USA und dann insbesondere im Essay über Italien anhand des Berlusconismo näher eingehen. Als Historiker mit einer Spezialisierung auf den modernen Nationalismus stechen mir jedoch umso stärker die ideologischen *Inhalte* in die Augen, die mir aus früheren Epochen bekannt sind: ein ethnisch definierter, exklusiver und xenophober Rechtsnationalismus.[3] Die Tatsache, dass Rechtspopulisten in so vielen Ländern regieren oder mitregieren, deutet darauf hin, dass es in Ost und West neben jeweils spezifischen auch gemeinsame Ursachen geben muss. Ich befasse mich in diesem Buch mit den USA, dem vereinigten Deutschland, Italien, Russland und der Türkei. Sofern es inhaltlich weiterführt, gehe ich außerdem auf Polen, Tschechien, die Slowakei und Ungarn ein. Dieses weite Spektrum ist deshalb sinnvoll, weil die »große Transformation« nach 1989 nicht nur den ehemaligen Ostblock, sondern auch den Westen veränderte. Die einzelnen Essays drehen sich außerdem um epochale Begriffe, Entwicklungen und historische Akteure wie die Idee der Schocktherapie, die reformorientierte Sozialdemokratie und die westliche Hybris nach dem Ende des Kalten Krieges.

Kausale Erklärungen sind eine große und manchmal unlösbare Herausforderung. Der Sinn der Geschichtswissenschaft liegt nicht darin, ex post historische Entwicklungen zu rationalisieren oder es mit der sprichwörtlichen »wisdom of hindsight« im Nachhinein besser wissen zu wollen. Daher stelle ich hier erst einmal nur Fragen: Inwieweit ist der Neoliberalismus (auf dessen Geschichte und Charakteristika ich gleich näher eingehe), der als Idee zunächst auf Demokratien bezogen war, für deren Verfall verantwortlich zu machen? Gibt es eine Kontinuität vom Neoliberalismus zum Illiberalismus oder sogar eine ursächliche Verbindung? Ist diese Entwicklung neu oder zeichnete sie sich schon viel früher ab, ist sie das Resultat eines Schocks, der großen Krise von 2008/09, oder liegen ihre Ursachen tiefer, sowohl zeitlich als auch strukturell?

Die alte und immer wieder neue Aktualität von Polanyi

Meine Ratlosigkeit über die jüngsten politischen Veränderungen ging zurück, als ich einem weiteren Credo folgte, das ich immer wieder an meine Studenten weitergebe: Man soll nicht nur aktuelle, sondern auch ältere Geschichtsbücher lesen. Im vergangenen Winter stöberte ich durch den legendären Buchladen Strands am Broadway in Manhattan. Dort fiel mir in den unendlichen Regalmetern für gebrauchte Bücher ein Klassiker in die Hände, den ich während des Studiums gelesen hatte und der von Kritikern der postkommunistischen Transformation und des globalisierten Kapitalismus immer wieder aufgegriffen worden ist: *The Great Transformation* von Karl Polanyi. Das Buch erschien 1944, vor genau 75 Jahren, in New York und wurde vor allem in den fünfziger und sechziger Jahren breit rezipiert. Das hing mit der Erinnerung an den Börsencrash von 1929, der dadurch ausgelösten Weltwirtschaftskrise und dem Fortwirken des New Deal zusammen. Zu Polanyis Lebzeiten – er starb 1964 in den USA – betrachteten die Amerikaner den »Laissez-faire-Kapitalismus« überwiegend als überholtes Modell. Sogar Anhänger des Neoliberalismus wie Milton Friedman sprachen sich in den fünfziger Jahren für eine begrenzte Regulierung des Markts und eine strenge Gesetzgebung gegen Kartelle und Monopolisten aus (die seit den späten Neunzigern völlig vernachlässigt wurde, mehr dazu im Essay über die

USA nach dem Kalten Krieg).[4] Es entsprach dem Mehrheitswillen der Gesellschaft, den freien Markt zu bändigen und einen »eingebetteten« Kapitalismus zu schaffen, wie Polanyi es bildhaft formulierte. Die letzte US-Neuausgabe seines Buches erschien 2001, als es wegen des Börsencrashs nach der Dotcom-Krise und den Auswüchsen des Neoliberalismus erneut in die Zeit passte.

Polanyi stammte aus Budapest, emigrierte wegen der Kommunisten- und Judenhatz nach der konservativen Gegenrevolution in Ungarn nach Wien und wanderte von dort 1934 aus politischen Gründen nach England aus. Er ging als Gastprofessor in die USA und lehrte nach dem Zweiten Weltkrieg an der Columbia University in New York.[5] Unter Politikwissenschaftlern gilt *The Great Transformation* als Klassiker, insbesondere bei der Forschungsrichtung, die unter dem englischen Label »Varieties of Capitalism« firmiert. Ich bitte daher um Nachsicht, wenn ich Lebensdaten und Einsichten Polanyis wiederhole, die manchen Lesern bekannt sein dürften. Unter Historikern ist sein Buch wenig verbreitet, obwohl Polanyi mit Quellen und Literatur aus der Frühen Neuzeit und dem 19. Jahrhundert arbeitete. Neben seinem Schwerpunkt auf der historischen Soziologie war Polanyi studierter Jurist und Ökonom, kurzum ein universell gebildeter Gelehrter.

Seiner Weltanschauung und Methodik nach war Polanyi ein revisionistischer Marxist.[6] Er konzentrierte sich daher auf die Analyse der ökonomischen Verwerfungen, die seiner Ansicht nach zum Ausbruch des Ersten Weltkriegs, der Weltwirtschaftskrise und zum Faschismus geführt hatten. Im Unterschied zur klassischen marxistischen Interpretation der Geschichte und manchen Liberalen und Neokonservativen, die rund um das Jahr 1989 ihre kürzer gedachten Thesen verbreiteten, war Polanyi kein Determinist. Es gab für ihn kein Telos der Geschichte, etwa in Gestalt einer proletarischen Weltrevolution. Für ihn ergab sich die Sozial- und Wirtschaftsgeschichte Englands (das in seinem Buch im Vordergrund steht) und des Westens vor allem aus einer Dialektik zwischen dem Prinzip des freien Markts und dem Schutzbedürfnis der Gesellschaft. Polanyi zufolge hatten der Laissez-faire-Kapitalismus und die Globalisierung des 19. Jahrhunderts Millionen Menschen ins Elend gestürzt. Er meinte damit nicht unbedingt Hunger und materiell messbare Not, sondern den Zusammenbruch sozialer Gemeinschaften und ihrer Wertesysteme. Wer ab den neunziger Jahren im ehemaligen Ostblock, in den kleineren Städten der nordenglischen Industriereviere oder dem Rust Belt der USA unterwegs war, bekommt eine Ahnung davon, was Polanyi meinte und wie aktuell er heute immer noch ist.

Als Gegenreaktion auf den globalisierten freien Markt kamen nach Polanyi im Lauf des 19. Jahrhunderts die Arbeiterbewegung und die Gewerkschaften auf. Das beeinflusste die Regierungen, die mit einem zunehmenden Interventionismus und Protektionismus reagierten. Den Nationalismus und den Ausbruch des Ersten Weltkriegs vermochte er weniger gut zu erklären. Letzteren führte er auf »die Auflösung des Systems der Weltwirtschaft nach 1900« und das zerbrochene Gleichgewicht der Mächte zurück.[7] Hier könnte man mit Polanyis Zeitgenossen Joseph Schumpeter und meinem ersten akademischen Lehrer Thomas Nipperdey stärker betonen, dass die internationalen Konzerne versuchten, den Weltenbrand zu verhindern, weil sie um ihre Geschäfte fürchteten.

Polanyi zufolge kehrten die Gewinner und Verlierer des Krieges in der Zwischenkriegszeit zum früheren Freihandelsregime und dem Goldstandard im internationalen Währungssystem zurück. Darauf seien jedoch die Great Depression und der endgültige Zusammenbruch des liberalen Weltwirtschaftssystems in den dreißiger Jahren gefolgt. Den Faschismus sah Polanyi als Resultat des »Marktsystems« und der unauflösbaren Konflikte zwischen Kapitalismus und Demokratie an. Diese Interpretation klingt bekannt, man kann sie so ähnlich bei anderen Marxisten, auch sowjetischer Prägung, lesen. Polanyi lehnte den Materialismus der traditionellen Marxisten jedoch explizit ab. Er sah das Hauptproblem in der Entwurzelung und der Zerstörung sozialer Gemeinschaften, dem Gefühl vieler Menschen, den Anforderungen der Wirtschaft nicht mehr gewachsen zu sein. Diese anthropologische Dimension, die Ausrichtung auf menschliche Grundbedürfnisse, hat dazu beigetragen, dass sein Hauptwerk zu einem Klassiker wurde. Viel rezipiert wurde außerdem Polanyis These einer Doppel- oder Pendelbewegung (*double movement*) zwischen dem Prinzip des sich selbst regulierenden freien Markts und dem »sozialen Schutzbedürfnis« der Gesellschaft. Allerdings kann dieses polanyische Pendel, sobald es sich in Richtung Schutz bewegt, in zwei Richtungen ausschlagen: nach links mit dem Endpunkt des demokratischen Sozialismus oder nach rechts zum Faschismus.[8]

Es ist nicht bekannt, inwieweit die bestimmenden Politiker der frühen Nachkriegszeit Polanyi gelesen haben. Jedenfalls bewegte sich das Pendel nach dem Zweiten Weltkrieg überall im Westen in Richtung Sozialstaat und einer stärkeren Regulierung der Wirtschaft. Sogar die USA und Großbritannien, die als die global führenden Wirtschaftsmächte bis dahin am meisten vom freien Austausch von Waren und Kapital profitiert hatten, bauten komplexe und kostspielige Sozialsysteme auf. Das lag zum einen in der Tradition des New Deal,[9] zum anderen am überwältigenden Wahlsieg der Labour Party von 1945.

In Westdeutschland und den Gründerstaaten der EG spielte außerdem die Systemkonkurrenz zwischen Ost und West eine wichtige Rolle. Um der Propaganda des Ostblocks über den ausbeuterischen Kapitalismus zu begegnen und die Wahlerfolge der Kommunisten in Ländern wie Frankreich und Italien einzudämmen, setzte sich das Modell des »eingebetteten Kapitalismus« durch. Für diese Einbettung stand nicht zuletzt die EG, die nicht nur eine Wirtschaftsgemeinschaft war, sondern nach und nach auch versuchte, soziale Mindeststandards zu sichern.

Die von Polanyi geforderte Einbettung des Kapitalismus wurde in der Nachkriegszeit auf globaler Ebene durch das Bretton-Woods-System flankiert. Es regulierte die internationalen Wechselkurse und Kapitalströme mit dem US-Dollar als Ankerwährung. Zusammen mit dem niedrigen Wechselkurs der DM begünstigte dies das deutsche Wirtschaftswunder und die »Trente Glorieuses« in der gesamten EG (bzw. der EWG). Die postkommunistischen Staaten mussten ihre Marktwirtschaften nach 1989 unter weniger geschützten Rahmenbedingungen aufbauen. Allerdings brach das Bretton-Woods-System 1973 zusammen, weil der hohe Dollarkurs wegen der amerikanischen Haushalts- und Leistungsbilanzdefizite sowie der steigenden Inflation, die wiederum mit den Kosten für den Vietnamkrieg zusammenhingen, nicht mehr haltbar war. Dies und die bald folgende Ölkrise brachten den Ausbau der sozialen Sicherungssysteme zum Stillstand, und es kam zu ersten Sparmaßnahmen. Außerdem wuchsen die Zweifel an der Steuerungsfähigkeit des Staates, am Keynesianismus sowie seitens der Unternehmen die Kritik an den steigenden Steuerlasten.

Mit der »Stagflation«, der Kombination aus geringem Wachstum und hoher Inflation, schlug die Stunde der neoliberalen Ökonomen. 1980 stieg Milton Friedman, der Kopf der Chicago School of Economics, zum wichtigsten wirtschaftspolitischen Berater von Ronald Reagan auf. Das europäische Gegenstück zu den Reagonomics war der Thatcherismus, wobei die Eiserne Lady erst nach ihrem zweiten Wahlsieg auf eine radikal marktliberale Agenda setzte.

Für Schwellenländer und ab 1989 für das östliche Europa spielte Chile eine wichtige Rolle. Dort veranlasste der Diktator Augusto Pinochet, der unter dem Einfluss von Ökonomen der Chicago School stand, in zwei Schüben eine umfassende Privatisierung, Liberalisierung und Deregulierung. Es ist umstritten, ob der bis zur Asienkrise 1998 anhaltende Aufschwung des lateinamerikanischen Staates eher auf diese neoliberale Schocktherapie oder aber auf die Wirtschaftspolitik der Christ- und Sozialdemokraten zurückzuführen ist, die nach dem Regierungswechsel von 1990 eine Steigerung der Kaufkraft für alle Schichten und ein »soziales Equilibrium« anstrebten.[10] Die internationale Rezeption der chilenischen »success story« wurde dadurch beflügelt, dass Pinochet nach dem verlorenen Referendum über eine weitere Amtszeit von 1989 als Staatspräsident zurücktreten musste. Dadurch entstand die Illusion, neoliberale Reformen führten zu einer Demokratisierung.

Das Pendel, um hiermit zu Polanyi zurückzukehren, schlug somit ab den achtziger Jahren wieder in Richtung Laissez-faire-Kapitalismus aus. Wie Polanyi schon für das 19. Jahrhundert feststellt, war diese Entwicklung mit stark steigenden globalen Waren- und Kapitalströmen verbunden. Durch den Zusammenbruch des Staatssozialismus und Jugoslawiens als prominentem Vertreter eines »Dritten Wegs« erreichte der Neoliberalismus schließlich in den Jahren 1989-1991 eine weltweite Hegemonie.

Das Schlüsseldokument dieser globalen Zeitenwende ist der Washington Consensus, den im Jahr des Mauerfalls Vertreter internationaler Finanzorganisationen, der Schuldnerländer, des US-Kongresses und hochrangige Wirtschaftsexperten beschlossen. Zunächst für die von hohen Auslandsschulden und Inflation geplagten Länder Lateinamerikas gedacht, entwickelte sich der Konsens zu einer Art Blaupause für die Wirtschaftsreformen im postkommunistischen Europa und anderen Weltregionen. An erster Stelle stand die makroökonomische Stabilisierung – in der Praxis bedeutete das stets eine strikte Austeritätspolitik. Darauf folgte die Triade Liberalisierung, Deregulierung und Privatisierung. Auch Foreign Direct Investments und damit der globale Finanzkapitalismus kamen bereits vor.

In Europa war Polen das erste Land, das diese Empfehlungen anwendete. Im Herbst 1989 beschloss die postkommunistische Regierung in Warschau ein Bündel radikaler Reformen, die bald nach ihrem Urheber, Finanzminister Leszek Balcerowicz, benannt wurden. Ähnlich wie der Washington Consensus strebte der Balcerowicz-Plan eine breit angelegte Privatisierung und Liberalisierung an. Obwohl klar war, dass die Reformen zu massiven sozialen Einschnitten führen würden, und obwohl sie mit einem Lohnbegrenzungsgesetz flankiert waren, stimmten ein Großteil des linken Flügels der Solidarność und prominente Anhänger der katholischen Soziallehre zu. Daher kann man von einem Warsaw Consensus sprechen, der wie sein Vorbild in zehn Punkte gegliedert bzw. als Dekalog formuliert war.[11]

Im Sommer 1990 folgte die deutsche »Schocktherapie« (siehe dazu den Essay »Der Preis der Einheit«), auch die zunächst zögerliche Tschechoslowakei sprang unter Finanzminister Václav Klaus auf den neoliberalen Zug auf. Klaus erfand die sogenannte Coupon-Privatisierung, mit dem Ziel, wie zuvor in Großbritannien (zum Beispiel bei der Privatisierung der British Telecom) ein Volk von Aktionären zu schaffen. Internationale und einheimische Experten übertrugen dieses Modell auf die Russländische Föderation, wo sich allerdings die Oligarchen die Coupons unter die Nägel rissen und den weiteren Verlauf der Privatisierung bestimmten. Die allumfassende Korruption und die kriminellen Machenschaften bei der Privatisierung gingen auf die Schwäche des postsowjetischen Staates zurück. Russland stürzte in eine Depression ab, die das Ausmaß der Weltwirtschaftskrise in den dreißiger Jahren erreichte, die Lebenserwartung sank auf das Niveau eines Entwicklungslandes. Die Demokratie konnte sich unter diesen Umständen nicht entwickeln, sie mutierte wie die Wirtschaft zu einer Oligarchie und schließlich unter Putin zu einem autoritären System.

Auch in Polen liefen die Reformen erst einmal alles andere als rund. Das BIP sank 1990 und 1991 viel stärker als erwartet, um insgesamt 18 Prozent und die Industrieproduktion um fast ein Drittel (was indirekt belegt, wie tief die Krise Italiens ab 2009 war, wo die Produktion immerhin um ein Viertel zurückging, mehr dazu im Essay »La Crisi«). Außerdem entstand ein Heer an Arbeitslosen, 1992 waren 2,3 Millionen Polen bzw. 13,5 Prozent der erwerbsfähigen Bevölkerung ohne Beschäftigung. Kritiker wie der spätere postkommunistische Finanzminister Grzegorz Kołodko sprachen daher von einem »Schock ohne Therapie« und forderten eine Stärkung der Nachfrage.[12] Dagegen hätten sich die Experten des IWF 1992 einen noch radikaleren Reformkurs gewünscht. Das entsprach der Beobachtung Polanyis über die liberalen Ökonomen des 19. Jahrhunderts, denen die Liberalisierung damals auch nicht weit genug ging.[13]

Da ab 1992 das Wirtschaftswachstum wieder ansprang und sich Polen als erstes Ostblockland von der tiefen Rezession nach 1989 erholte, wurde die Schocktherapie trotz der internen Kritik und der Wahlniederlage der Liberalen von 1993 international als Erfolg rezipiert. Die polnische »success story« strahlte auf andere postkommunistische Länder aus, mindestens so wichtig waren jedoch die Feedback-Effekte auf den Westen. Jeffrey Sachs, der wichtigste amerikanische Berater von Balcerowicz, lobte die Schocktherapie ebenso wie Milton Friedman und dann im Rückblick der Harvard-Ökonom Andrei Shleifer und der kalifornische Politologe Daniel Treisman. Das Autorenduo betitelte seinen Artikel zum 25-jährigen Jubiläum der Transformation in der Zeitschrift *Foreign Affairs* mit »Normal countries«.[14] Sogar die Entwicklung in Russland betrachteten sie als weitgehend »normal« und ignorierten dabei sowohl die Abwendung Putins vom Westen (siehe dazu den fünften Essay in diesem Band) als auch die bereits vollzogene Annexion der Krim.

Über den Erfolg der Reformen – sofern man diesen anhand des BIP und der Direktinvestitionen bemisst – entschieden nicht zuletzt Faktoren, die sich der wirtschaftspolitischen Steuerung weitgehend entziehen, nämlich das Timing und die Geografie. Staaten wie Polen und Ungarn, die bereits in den achtziger Jahren in größerem Ausmaß private Unternehmer zugelassen hatten und dann 1989 erneut Vorreiter bei den Reformen waren, hatten einen großen Startvorteil. Polen profitierte darüber hinaus von seiner strategischen Bedeutung; im größten Land des ehemaligen sowjetischen Machtbereichs durften die Reformen auf keinen Fall scheitern, daher verzichteten die westlichen Kreditgeber Anfang der Neunziger auf etwa die Hälfte der Altschulden aus der Zeit des Staatssozialismus. Gegenüber Ungarn verhielt sich der Westen weniger großzügig, die Rückzahlung der Schulden überforderte das Land und zwang die wieder an die Macht gekommenen Postkommunisten 1995 zu einem drastischen Sparprogramm. Dreißig Prozent der Bevölkerung rutschten unter die Armutsgrenze, die postkommunistische Linke büßte damit jegliche sozialpolitische Glaubwürdigkeit ein. Viktor Orbán gewann die darauf folgenden Parlamentswahlen und wurde zum ersten Mal Premierminister. Auch seine erneute Wahl 2010 verdankte er einer Krise des Kapitalismus.

Ebenso wichtig für die wirtschaftliche Erholung der Reformstaaten war die geografische Nähe zu den westeuropäischen Märkten; die westlich gelegenen postkommunistischen Staaten waren eher das Ziel von Produktionsverlagerungen als weiter entfernte Länder. Nur die ehemalige DDR profitierte davon kaum, warum dies so war, wird im Essay über den Preis der Einheit erläutert. Die Behauptung, die Schocktherapie sei die Mutter aller späteren wirtschaftlichen Erfolge, ist angesichts dieses Geflechts an Kausalitäten, des Gegenbeispiels der DDR und der vielen Probleme in Polen kaum haltbar.

Das größte Lockmittel für die internationalen Investoren war eine Hinterlassenschaft des Staatssozialismus: Sämtliche postkommunistischen Staaten verfügten über ein relativ hohes Bildungsniveau (das nach 1989 sträflich vernachlässigt wurde, die Lehrer flüchteten wegen der Hungerlöhne in Scharen aus dem Staatsdienst; in Berlin lernte ich 2003 sogar einen ehemaligen polnischen Schuldirektor kennen, der sich als Handwerker verdingte, um seine Familie zu ernähren) und gut qualifizierte Fachkräfte. Außerdem betrugen die Löhne einen Bruchteil des westlichen Levels, so dass sich Produktionsverlagerungen sehr rasch auszahlten. Damit soll nicht gesagt sein, dass eine gute oder schlechte Wirtschaftspolitik keine Rolle spielte, denn Rumänien, Bulgarien, die Ukraine und andere Länder, in denen die Postkommunisten nahezu nahtlos die Macht übernahmen und ohne Konzept weiterregierten, schnitten in den Neunzigern schlechter ab als die Vorreiter bei den Reformen.

Umso mehr versuchten die ursprünglichen Nachzügler (die »leaders« und die »laggards« waren Sprachschöpfungen jener Zeit und zeugen von ihrem Fortschrittsdenken), sich Ende der Neunziger als Musterschüler der neoliberalen Reformen zu präsentieren. Der Politologe und Rentenexperte Mitchell Orenstein hat diese Dynamik mit dem treffenden Begriff des »competitive signaling« beschrieben.[15] Sämtliche postkommunistischen Staaten waren dringend auf westliches Kapital und Technologien angewiesen, um ihre Wirtschaft zu modernisieren. Sie versuchen daher, sich gegenseitig mit Anreizen für internationale Investoren auszustechen. Eine wesentliche Rolle dabei spielten internationale Indizes. 1993 gründete das britische Wirtschaftsmagazin *The Economist* den »Emerging Markets Index«, der ganze Länder mit Märkten gleichsetzte (eigentlich handelte es sich um einen globalen Index von Schwellenländern). Bald darauf etablierten neoliberale Thinktanks den »Open Market Index«, den »Global Competitiveness Index«, den »International Property Rights Index«, den »Ease of Doing Business Index« und den »Economic Freedom of the World Index«.[16] Diese Indizes belegen einerseits den Siegeszug der Ökonometrie, andererseits die globale Dimension des Neoliberalismus. Der Wettbewerb um Foreign Direct Investments erklärt auch, warum Nachzügler wie die Slowakei und Rumänien, die bei der Privatisierung und der Liberalisierung zunächst gezögert hatten, Ende der Neunziger ebenfalls auf radikale Reformen setzten.

Die Relevanz der Wirtschaftspolitik relativiert sich jedoch mit Blick auf den postsowjetischen Raum und die Slowakei. In den nuller Jahren erzielten die Ukraine, einige zentralasiatische Staaten und die Slowakei die höchsten Wachstumsraten, teilweise von über zehn Prozent jährlich. Diese Erfolge waren nicht völlig abgekoppelt von der jeweiligen Reformpolitik, doch selbst Außenseiter wie Belarus und Usbekistan, die den Vorgaben des IWF und westlicher Experten kaum folgten, schnitten nun relativ gut ab.[17]

Rund um die Jahrtausendwende bekam der Neoliberalismus nochmals einen neuen Dreh. In der ersten Dekade nach 1989 hatte die Privatisierung von ehemaligen Staatsbetrieben und die Entflechtung von Staat und Wirtschaft (die Polanyi in seinem Buch grundsätzlich ablehnt) im Vordergrund gestanden. In der zweiten Dekade, der Phase des radikalen Neoliberalismus, ging es um eine Beschneidung staatlicher Kernkompetenzen in der Altersvorsorge, im Gesundheits- und Bildungswesen. Neben der (Teil-)Privatisierung in diesen Bereichen führten fast alle postkommunistischen Staaten Flat-Tax-Systeme ein, die weitere Einschnitte bei den Sozialausgaben nach sich zogen. Es folgte die Deregulierung der Banken und der Finanzindustrie in den USA und auf globaler Ebene; das war dann die Hauptursache der Immobilienblase und des Börsencrashs von 2008. Nebenbei entwickelte sich auch eine Osteuropablase – dazu später mehr.

Der lang anhaltende Aufschwung von Anfang der Neunziger bis zur großen Krise von 2008/09 ermöglichte einen starken Aufholprozess. Während zum Beispiel Polen 1989 pro Kopf nur ein Drittel des BIP der EG erreichte und als Armenhaus des Ostblocks galt, stieg das BIP pro Kopf in den folgenden 25 Jahren auf zwei Drittel des westeuropäischen Durchschnitts. Das heißt, dass sich der Abstand zum Westen in einem Vierteljahrhundert halbierte. Diese Konvergenz, auch bei den Einkommen, ist außergewöhnlich, zuletzt hatte im 19. Jahrhundert Deutschland gegenüber England, dem

Vorreiter bei der Industrialisierung, ähnlich stark aufgeholt. Doch während das Kaiserreich den neuen Wohlstand zum Aufbau eines Sozialstaats nutzte, reduzierten die Länder Ostmitteleuropas die Sozialleistungen von 1990 bis 2015 sukzessive.

Ein anderes Problem lag darin, dass dieses Wachstum in allen postkommunistischen Ländern sehr ungleich verteilt war. Während die Hauptstadtregionen Polens, Tschechiens, der Slowakei und Ungarns schon bald nach der Erweiterung der Union ein westliches Wohlstandsniveau erreichten, fielen die Dörfer und Kleinstädte sowie alte Industriestandorte immer weiter zurück. Die ärmsten Regionen erreichten nur noch ein BIP in Höhe von einem Fünftel oder Sechstel der jeweiligen Spitzenreiter im eigenen Land. In diesen Landesteilen liegen in Polen die Hochburgen der PiS, in der Slowakei der Smer und in Ungarn von Fidesz.

Selbstverständlich existieren auch in Deutschland, Frankreich, Österreich, den Niederlanden oder Skandinavien Unterschiede zwischen urbanen Wachstumszentren und ländlichen Regionen. Der Abstand beim BIP ist jedoch nur etwa halb so groß wie in den neuen EU-Mitgliedsstaaten, die Einkommensunterschiede werden durch staatliche Transferleistungen reduziert. Allerdings geht im Westen und vor allem im Süden Europas die Schere seit gut dreißig Jahren ebenfalls immer weiter auf. Das BIP pro Kopf des italienischen Mezzogiorno ist seit 1995 im Vergleich zum Durchschnitt der EU um mehr als zehn Prozent zurückgefallen, in Frankreich nährte die Vernachlässigung der Provinz zuletzt den Protest der Gelbwesten.

Den Berechnungen von Branko Milanović zufolge hat etwa ein Fünftel der Bevölkerung im postkommunistischen Europa vom Umbruch profitiert, während zwei Fünftel an Wohlstand einbüßten.[18] In Polen haben sicherlich mehr Menschen Wohlstand hinzugewonnen, in der Ukraine nur eine sehr schmale Schicht. Ebenso interessant wie die Differenzierung im östlichen Europa ist der Vergleich mit den neoliberal orientierten Ländern des Westens: In den USA ist die Entwicklung seit den Reagonomics ähnlich. Das obere Fünftel der Gesellschaft hat bei den Einkommen und den Vermögen stark zugelegt, während die unteren drei Fünftel bei den Einkommen keine oder nur noch sehr geringe Zuwächse und bei ihren Vermögen sogar starke Verluste hinnehmen mussten.[19] In Großbritannien ist das seit dem Thatcherismus nicht viel anders, in beiden Ländern wird die soziale Spaltung durch eine stark steigende regionale Ungleichheit verschärft.

Auch die bis 2008 hohen Wachstumszahlen in Ostmitteleuropa haben nur begrenzte Aussagekraft. Anlässlich des 20-jährigen Jubiläums des Umbruchs von 1989 rief das Warschauer Dokumentationszentrum Karta junge Mitbürger in einem Memoirenwettbewerb dazu auf, ihre Eindrücke über die postkommunistische Transformation wiederzugeben. Obwohl sich die Ausstattung mit Konsumgütern verbesserte und sich manche Polen an das erste Auto oder an andere materielle Errungenschaften erinnerten, berichteten viele Texte über Arbeitslosigkeit, soziale Probleme und die allgemeine Verunsicherung durch den Umbruch.[20] Eine schöne Kindheit sieht anders aus – das haben sich diese Menschen gemerkt.

Außerdem beruhte das zeitweilig zweistellige Wirtschaftswachstum im Baltikum, in Rumänien und der Ukraine neben dem niedrigen Ausgangsniveau auf spekulativen Investments. Ab 2006 entstand eine »Osteuropablase«, die manche Parallelen mit der Immobilienblase in den USA aufwies. Die Banken vergaben Kredite an Schuldner mit geringen Sicherheiten, obendrein drängten sie den Menschen spekulative Fremdwährungskredite auf. Wie die Politologen Dorothee Bohle und Béla Greskovits (sie forschen unter Bezug auf

Polanyi) nachgewiesen haben, konzentrierten sich die Investitionen in den westlichen Ländern des ehemaligen Ostblocks auf das produzierende Gewerbe, während die FDI weiter östlich und im Baltikum vorwiegend in den Finanz- und Immobiliensektor flossen.[21] Als infolge der globalen Finanzkrise von 2008/09 die Osteuropablase platzte, standen Lettland, Litauen, Ungarn, Rumänien und die Ukraine wegen Überschuldung und der drastischen Abwertung ihrer Währungen vor dem wirtschaftlichen Zusammenbruch. Diese Gruppe an Ländern musste mit internationalen Hilfsprogrammen des IWF und der EU »gerettet« werden. Die Rettungspakete – de facto halfen sie vor allem den westlichen Kreditgebern – waren jedoch an weitere soziale Einschnitte gebunden. In Kombination mit einem Minuswachstum von bis zu 18 Prozent und einer rasch steigenden Arbeitslosigkeit führte das zu einer präzedenzlosen Emigrationswelle. Lettland, Litauen und Rumänien verloren innerhalb von ein paar Jahren bis zu zehn Prozent ihrer Bevölkerung.

Auch das hatte Rückwirkungen auf den Westen. Das beliebteste Zielland der Arbeitsmigranten war Großbritannien. Während des Booms der nuller Jahre waren die billigen Arbeitskräfte aus Osteuropa willkommen, nach 2009 trafen sie auf eine Gesellschaft, die durch die Krise und die anschließenden Einschnitte in den Sozialstaat selbst verunsichert war. Während die osteuropäischen Staaten ihre sozialen Probleme exportierten, importierte Großbritannien ein politisches Problem. Bei der Abstimmung über die Mitgliedschaft in der EU kamen all der Unwillen über die massenhafte Zuwanderung und die Angst vor verstärkter Konkurrenz auf einem immer schlechteren Arbeitsmarkt zum Ausdruck. Insofern geht der Brexit gleich zweifach auf die große Krise zurück: Einerseits weil die Rettung der Banken und Versicherungen auf dem Rücken der sogenannten »kleinen Leute«

ausgetragen wurde – die Eliten in der City gönnten sich schon wieder Boni, während die konservative Regierung im Sozialsystem und sogar bei der Polizei kürzte –, andererseits weil Großbritannien durch die Arbeitsmigration aus Osteuropa und nach der Eurokrise zusätzlich aus Südeuropa die Folgen der dortigen sozialen Verwerfungen abbekam.

Es gibt außerdem eine Parallele zwischen dem östlichen und dem westlichen Europa, die mir durch die Erfahrung des Postkommunismus stets aufgefallen ist: Die stillgelegten mittel- und nordenglischen Industriereviere, in denen eine große Mehrheit für den Brexit stimmte, leiden unter ähnlichen strukturellen Problemen wie das östliche Europa nach 1989. Die Deindustrialisierung war von einem Abbau von Sozialleistungen begleitet, der Staat investierte bestenfalls in ein paar Prestigeprojekte und Universitätsstandorte. Dementsprechend erinnern Städte wie Sheffield oder Leeds an die postkommunistische Tristesse, sie sind grau, verfallen, gezeichnet vom wirtschaftlichen und sozialen Niedergang. Man kann hier in Umkehrung triumphalistischer Buchtitel wie *The West and the Rest*, in dem der britisch-amerikanische Wirtschaftshistoriker Niall Ferguson noch 2011 den westlichen Exzeptionalismus feierte,[22] von einem »Rest of the West« sprechen, der sich gegen die eigenen Wirtschaftseliten und die kosmopolitische City of London wendete. In den USA war die Entwicklung vergleichbar, Donald Trump holte sich die entscheidende Mehrheit im Wahlmännergremium durch Siege in Pennsylvania, Ohio und Indiana, allesamt Staaten des »Rust Belt«.

Was hätte Polanyi zu diesen Entwicklungen gesagt oder, anders gefragt, was lässt sich aus seinen Schriften für die Zeit nach 1989 ableiten? Man kann auf die zahlreichen Parallelen zwischen dem 19. und dem späten 20. Jahrhundert hinweisen; was derzeit als Neoliberalismus diskutiert wird, hat

Ähnlichkeiten mit dem globalisierten Laissez-faire-Kapitalismus, über den Polanyi schrieb. An die Stelle des Goldstandards sind die Defizitkriterien des Euro getreten, wobei diese bekanntlich nicht für die gesamte Welt, sondern nur für die Eurozone gelten. Auch die Antireaktionen gegen diese Ordnung sind mit dem späten 19. Jahrhundert vergleichbar, in den USA besteht ein starker Drang zum Protektionismus, den sich kleinere Länder wie Großbritannien, Italien, Polen oder Ungarn, wo derzeit Rechtspopulisten (mit)regieren, freilich nicht leisten können. Stehen wir demnach kurz vor dem Faschismus? Dazu ist die bestehende globale Wirtschaftsordnung trotz aller Turbulenzen rund um Trump noch zu stabil. Sofern man die Zeiten, über die Polanyi geschrieben hat, mit der Gegenwart parallelisiert – oft sind historische Analogien oberflächlich und verführen zu Kurzschlüssen –, landet man eher im späten 19. Jahrhundert als in der Zwischenkriegszeit. Das gilt auch für die Bühne der Weltpolitik: Der zuvor unangefochtene Hegemon, damals das British Empire, heute die USA, steht immer stärker unter dem Druck einer aufstrebenden Macht, damals das Deutsche Reich, heute China.

Ganz sicher hätte Polanyi für ein anderes Verhältnis von Staat und Wirtschaft plädiert. Er bemerkt zum 19. Jahrhundert kritisch, die »Praxis des *Laissez-faire*« sei nicht, wie von den Liberalen behauptet, gleichsam naturwüchsig entstanden: »[F]reie Märkte wären niemals bloß dadurch entstanden, daß man den Dingen ihren Lauf ließ. [...] [S]ogar der Grundsatz des *Laissez-faire* selbst wurde vom Staat durchgesetzt.«[23] Damit bestätigt Polanyi auf den ersten Blick die traditionelle marxistische Kritik am Machtkartell der politischen und wirtschaftlichen Eliten in kapitalistischen Gesellschaften. Daraus folgt auch, dass man für die Zeit nach 1989 durchaus Ross und Reiter nennen sollte: Es waren die Regierungen der USA, Großbritanniens, und ja, auch Deutschlands sowie fast aller postkommunistischer Staaten, die im Verbund mit den internationalen Finanzorganisationen die neoliberale Ordnung etablierten.

Polanyi betrachtet den Staat jedoch gleichzeitig als jenen Akteur, der im Lauf des 19. Jahrhunderts in mehreren Anläufen versuchte, die Auswirkungen der industriellen Revolution abzumildern und die Armenfürsorge zu organisieren. Auch für spätere Epochen sieht Polanyi die Bestimmung des Staates darin, zum Wohlfahrtsstaat zu werden und somit als Mittler zwischen den Interessen des Markts und der Gesellschaft zu agieren. Deren soziale Bedürfnisse stellt er über das Gewinnstreben, insofern basiert sein Buch auf einer klaren Wertehierarchie.

Diese Wahrnehmung des Staates ist nicht frei von Widersprüchen. Doch sie ist weit komplexer als der Antietatismus der orthodoxen Marxisten, die den Staat bekanntlich durch den Kommunismus ersetzen wollten und ihn gewaltsam bekämpften, ehe sie ihn dann im real existierenden Sozialismus zu einem Monstrum der ökonomischen Planung und der politischen Überwachung ausbauten. Polanyis Sichtweise auf den Staat hebt sich außerdem vom Antietatismus der Neokonservativen und Neoliberalen ab. Der Staat war der Hauptfeind, den es aus der Wirtschaft hinauszudrängen galt, weil der freie Markt die meisten Probleme angeblich besser und effektiver lösen könne (was wiederum nur deswegen bei den Wählern verfing, weil viele von ihnen schlechte Erfahrungen mit staatlichen Verwaltungen gemacht hatten). Die »Chicago Boys« delegitimierten den Staat grundsätzlich, indem sie ihn als einen Akteur unter vielen und einen Vertreter seiner eigenen Interessen verstanden und nicht mehr als übergeordnete, dem Gemeinwohl verpflichtete Instanz. Genau diese Orientierung fordert Polanyi vom Staat und von der Wirtschaft, beide sollen den Interessen der Menschen dienen, nicht umgekehrt.

Ein weiteres Konzept von Polanyi, der für die Zeit nach 1989 eine nähere Betrachtung verdient, ist das Bedürfnis nach sozialer Anerkennung, der unter den deklassierten Arbeitslosen und Armen besonders verbreitet sei: »Rein ökonomische Sachverhalte, die die Befriedigung der Bedürfnisse betreffen, sind für das Klassenverhalten unvergleichbar weniger relevant als Fragen der sozialen Anerkennung.«[24] Dieses Bedürfnis zählte offensichtlich wenig bis nichts, stattdessen stand im Osten wie im Westen die soziale Abgrenzung im Vordergrund.

Mobilisierung durch Armutsandrohung

Der Mangel an und das glatte Gegenteil von sozialer Anerkennung lässt sich an sprachlichen Veränderungen und einem Bündel pejorativer Begriffe ablesen. In Polen ist das der »nieudacznik«, wörtlich übersetzt Verlierer oder Versager. Zur Zeit der Volksrepublik existierte dieses Wort noch nicht, es kam Anfang der Neunziger ebenso in Umlauf wie der »biznesmen« und der »menedżer«.[25] In Deutschland ist der analoge Begriff zum »nieudacznik« seit den rot-grünen Sozial- und Arbeitsmarktreformen der »Hartzer«, in den USA hat der Ausdruck »White Trash« den auf die Südstaaten gemünzten Terminus »Redneck« verdrängt.

Woher kommt diese Menschenverachtung? Es hat sie schon immer gegeben, und zwar in sämtlichen sozialen Schichten. Unter Arbeitern und auf dem Land herrschte in den westlichen Gesellschaften seit je eine soziale Hackordnung, ebenso unter den Oberschichten, wie Bourdieu in seinen Beobachtungen über die feinen Unterschiede gelehrt hat. Im Zeitalter des Neoliberalismus wurden die soziale Distinktion und das Treten nach unten jedoch systemisch.

Die Grundidee vieler Reformen, ob in den sogenannten »Emerging Markets« oder in Industriestaaten, lag darin, jene Menschen, die Sozialleistungen bezogen, durch die Androhung von Armut dazu zu zwingen, aktiver, flexibler und mobiler zu sein. Die Hartz-Reformen erhöhten den Druck auf Arbeitslose, jeden Job anzunehmen. Das Druckmittel lag, abstrakt ausgedrückt, darin, dass beim Bezug von Unterstützungsleistungen von einem Anspruchsprinzip – demnach haben Beitragszahler bei Bedarf Anspruch auf bestimmte Leistungen, daher spricht man auch von Sozial*versicherungen* – auf ein Bedürftigkeitsprinzip umgestellt wurde. Wer nach einer bestimmten Zeit keine neue Stelle gefunden hat, muss nach den Regeln von Hartz IV einen Großteil seiner Ersparnisse opfern. Diese Androhung von Verarmung sollte die Menschen dazu motivieren, sich möglichst rasch wieder eine Stelle zu suchen. Aufgrund des hohen Lebensstandards in der Bundesrepublik ist die Verarmung der Hartz-IV-Empfänger allenfalls relativ, das größere Problem ist die soziale Deklassierung.[26]

Noch stärkere Auswirkungen hatte die *Aktivierung durch Armut* in den postkommunistischen Ländern. Die damit verbundene systemimmanente Menschenverachtung macht aus meiner Sicht die Essenz des Neoliberalismus aus.[27] Ähnlich verhält es sich in westlichen Ländern mit gering ausgebautem Sozialstaat, etwa den USA und Großbritannien, wo durch die Welfare-Reformen unter Bill Clinton und Tony Blair die Sozialleistungen gekürzt und vermehrt an Bedingungen geknüpft wurden. Auch dort setzten die zuständigen Experten, die im Gegensatz zu den Betroffenen über dauerhafte Arbeitsverträge verfügten und in gut abgesicherten Verhältnissen lebten, darauf, dass drohende Not die Menschen antreiben würde.[28]

Ein Stück weit erfüllte sich diese Erwartung, allerdings

weniger in Form eines sozialen Aufbruchs, als vielmehr durch massenhafte Migration. Die Pioniere der großen Ost-West-Wanderung seit 1989 waren die mehr als zwei Millionen Ostdeutschen, die in die alte Bundesrepublik zogen, gefolgt von einer ähnlich hohen Zahl an Polen, die ab 2004 ihre Heimat verließen und dem erwähnten Exodus aus den »geretteten« Krisenländern ab 2009. Die massenhafte Migration veränderte die Herkunftsgesellschaften. Meist verließen jüngere und agile Menschen ihre Heimat, viele von ihnen waren gut ausgebildet. Wenn sie noch in ihren Herkunftsländern wohnten, wäre manche Wahl in Ostmitteleuropa inklusive Ostdeutschlands wohl anders ausgegangen.

Die internationalen Finanzorganisationen verfolgten mit ihren Empfehlungen an die postkommunistischen Regierungen noch weiter gehende Ziele.[29] Sie sollten bei den Sozialausgaben sparen, damit aus dem vermeintlich passiven Homo sovieticus ein Homo oeconomicus würde. In Ländern wie der Slowakei oder Polen, wo in den neunziger Jahren Löhne von zwei, drei Mark für eine Arbeitsstunde verbreitet waren, stieß die Kürzung oder Streichung der ohnehin niedrigen Sozialleistungen die Arbeitslosen wirklich ins Elend. Vor allem ortsgebundene Familienväter und Frauen mit kleinen Kindern oder pflegebedürftigen Angehörigen hatten kaum eine Chance, eine Stelle zu finden. Daher kamen im Sozialismus eingeübte Überlebenstechniken wie die Subsistenzwirtschaft im Garten hinter dem Haus oder auf der Datsche erneut zum Einsatz, wenngleich aus anderen Gründen als vor 1989. In den USA brachte die Umstellung des Wohlfahrtssystems eine zunehmende Abhängigkeit von Essensmarken mit sich. Damit kann man die Kalorienversorgung sicherstellen, allerdings nicht mit gesunden Lebensmitteln; dementsprechend und aufgrund ihrer geringen Bildung ist die arme Bevölkerung weit überproportional von Fettleibigkeit, dem neuen Stigma der Armut, betroffen.

Ein weiteres Argument für die Kürzung von Sozialleistungen war der Abstand zu den Löhnen, ausgedrückt im politischen Slogan, dass sich Arbeit wieder lohnen müsse. In Ländern mit einem hohen Wohlstandsniveau mag es nachvollziehbar sein, dass Menschen, die einer regulären Beschäftigung nachgehen, bessergestellt sein sollten als jene, die sozialstaatliche Leistungen ohne erkennbare Gegenleistung beziehen (der englische Entwicklungsökonom Paul Collier betont mit Verweis auf das Selbstwertgefühl der Empfänger von Sozialleistungen, wie wichtig die Gegenseitigkeit ist).[30] In Ländern mit einem sehr niedrigen Lohnniveau ist die Ausgangslage jedoch eine andere: Dort wurde der Abstand zu den Löhnen durch die Senkung von Sozialleistungen auf knapp oberhalb der Hungerschwelle erzeugt. Die Einführung von Flat-Tax-Systemen verstärkte die Umverteilung von unten nach oben zusätzlich.

Die populistische Revolte

Selbstverständlich kann eine sozioökonomische Ordnung in einer Demokratie nicht nur auf Abschreckung und Strafen basieren, es muss auch Anreize geben. In den postkommunistischen Staaten lag das Versprechen in einer besseren Zukunft in Form eines westlichen Lebensstandards. Das sollte die Opfer der Gegenwart rechtfertigen – ähnlich hatten die Kommunisten der Nachkriegszeit für ihre Version der Modernisierung von oben argumentiert. Als das nicht mehr überzeugte, hieß es frei nach Margaret Thatcher: Es gibt keine Alternative. Auch in Deutschland war dieser anti- und apolitische Argumentationsmodus verbreitet, Gerhard Schröder bekam daher den Spitznamen »Basta-Kanzler«, Angela Merkel benutzte das Wort »alternativlos« mindestens so oft wie ihr Vorgänger, bis es die Gesellschaft für deutsche Sprache zum Unwort des Jahres 2010 erklärte. Die Anziehungskraft der Populisten lag und liegt darin, dass sie behaupten, dass es sehr wohl eine Alternative gäbe, bei der AfD ist das sogar in den Namen der Partei eingeflossen.

Manchmal erzeugt die Vielzahl an Publikationen, die seit dem Annus horribilis zum Rechtspopulismus und zur Krise der Demokratie erschienen sind, den Eindruck, es handle sich dabei um relativ neue Phänomene. Dabei wird häufig vergessen, dass es schon in der zweiten Hälfte der neunziger Jahre Mobilisierungen gegen die neue Große Transformation gab – von links wie rechts. Auf einzelne Vorgänger von Trump, Orbán und Co. werde ich in den folgenden Essays eingehen. An dieser Stelle sei vor allem unterstrichen, dass es solche Bewegungen auch in Ostmitteleuropa gab. In allen »Reformstaaten« reagierte die Bevölkerung auf die scheinbar alternativlosen sozialen Einschnitte zunächst, indem sie sich der Wahl enthielt. In Polen lag die Wahlbeteiligung ab 1993 beständig unter fünfzig Prozent, auch in den USA war sie erschreckend niedrig.

Die zweite Reaktion war eine populistische Revolte, erneut war Polen hierbei der Pionier. Als nach der Jahrtausendwende die Arbeitslosigkeit stark anstieg, zum Teil aus demografischen Gründen, erreichten bei den Parlamentswahlen von 2001 drei populistische Parteien, darunter erstmals die PiS, jeweils um die zehn Prozent der Stimmen. Der Hauptsieger war das postkommunistische Bündnis der demokratischen Linken (SLD), nicht zuletzt mit seinen ebenfalls populistischen sozialpolitischen Versprechungen, die es dann nicht einhalten konnte und wollte (dies auch als Hinweis darauf, dass Populismus durchaus ein Bestandteil des politischen Mainstreams sein kann und es daher nicht viel bringt, wenn wir ihn an den Universitäten als politisches Randphänomen diskutieren). Daher straften die Wähler den SLD bei den Wahlen von 2005 ebenso ab wie später die in die Mitte gerückten Sozialdemokaten in Westeuropa. Die PiS kam zum ersten Mal an die Macht und versuchte schon damals, autoritär zu regieren. Ihr wichtigstes Instrument dazu war ein dezidierter Nationalismus, der sie zu ihrem noch größeren Sieg von 2015 führte (mehr dazu im Nachwort).

Worin liegt nun die Gemeinsamkeit zwischen Polen und den neuen EU-Mitgliedsstaaten auf der einen Seite sowie Großbritannien und den USA auf der anderen? Alle diese Länder hatten sich der Globalisierung besonders weit geöffnet, verfügten jedoch über schwach ausgebaute und nach der großen Krise nochmals reduzierte Sozialsysteme. Die Ironie an dieser Entwicklung liegt darin, dass gerade die Vertreter des Freihandels, freier Kapitalflüsse und globalisierter Märkte (unter ihnen Francis Fukuyama) eine Reduktion der Staatsausgaben und einen Abbau von Sozialleistungen vertreten hatten. Dreißig Jahre später wissen wir, dass ein dauerhafter Konsens für eine Globalisierung, vielleicht auch für die europäische Integration, nur hergestellt werden kann, wenn sie an eine soziale Absicherung gekoppelt ist.[31]

Vom Neoliberalismus zum Illiberalismus

Rebellionen und Revolutionen haben in der Geschichte schon oft zu unbeabsichtigten Resultaten geführt. Eigentlich wäre zu erwarten gewesen, dass die große Krise von 2008/09 zu einer Renaissance der Linken führen würde. Manche Beobachter sprachen daher, wie schon rund um die Jahrtausendwende, von einem »polanyischen Moment«. Eine Weile schien die Linke zu reüssieren, in New York besetzte Occupy Wall Street Plätze und Straßen in der Nähe der Börse, in

Spanien gingen Hunderttausende Studenten und andere junge Menschen unter dem Motto »Democracia Real Ya« auf die Straße. Doch die linken Protestbewegungen gegen die Austeritätspolitik verpufften. Es gelang ihnen zwar, über die sozialen Medien massenhaft junge Menschen zu mobilisieren, aber sie scheiterten daran, dauerhafte Strukturen zu bilden.

Sofern linkspopulistische Parteien an die Regierung kamen, so etwa in Griechenland, war die Ernüchterung groß, weil sie wenig gegen die Austeritätspolitik der Troika aus EU-Kommission, Europäischer Zentralbank und Internationalem Währungsfonds ausrichten konnten. So ließ nicht nur Wolfgang Schäuble den griechischen Finanzminister Yanis Varoufakis auflaufen, sondern zum Beispiel auch die französischen Sozialisten, weil sie die Milliardenkredite der französischen Banken an Athen nicht gefährden wollten. Präsident Obama zog es ebenfalls vor, die Krise im Schulterschluss mit ihren Verursachern zu überwinden. 4,3 Millionen überschuldete Familien verloren infolgedessen ihre Häuser und Wohnungen. Das Bündnis mit den Börsen und die massive Unterstützung der Finanzwirtschaft durch Rettungsprogramme und Kapitalspritzen verhinderten eine Depression wie in den dreißiger Jahren. Doch als politisches Signal war es fatal. Es lieferte all jenen Kräften Vorschub, die Verschwörungstheorien verbreiten, und wirkte wie eine Aufforderung, Protestparteien und Politiker wie Donald Trump zu wählen, die gegen das Establishment wetterten, obwohl sie Teil desselben sind.

Unter Politikwissenschaftlern kursiert derzeit eine lebhafte Debatte, inwieweit man den Rechtspopulismus eher als ein Konglomerat betrachten soll, das sich verschiedener Ideologien bedient und neue Formen der politischen Mobilisierung einsetzt, oder ob man stärker die ideologische Ausrichtung betonen soll. Für mich als Historiker ist bei den

Rechtspopulisten ein kohärentes Weltbild erkennbar, das man als ein Bündel von Schutz- und Sicherheitsversprechen charakterisieren kann. Sie versprechen Schutz vor internationaler Konkurrenz in der Wirtschaft, daher die Wendung gegen den Freihandel, Schutz des heimischen Arbeitsmarkts vor ausländischer Konkurrenz, daher die Hetze gegen »illegale Migranten«, Schutz vor Kriminalität (obwohl diese seit Jahren sinkt) und Terror, der nur noch selten ohne den Zusatz »islamisch« erwähnt wird, sowie die Bewahrung nationaler Werte und eines traditionellen Familienbilds mit einer klar festgelegten Rollenverteilung der Geschlechter. Insgesamt ist dieses Weltbild stringent illiberal.

Die Rechtspopulisten, die in den letzten Jahren an die Macht gekommen sind, vertreten sicher nicht die Interessen der kleinen Leute, die sie oft aus Ratlosigkeit und Wut gewählt haben. Sie denken primär an sich selbst, so etwa Donald Trump, der mit der langen Tradition amerikanischer Präsidenten gebrochen hat, eigene Geschäftsinteressen vom Amt zu trennen und seine Steuerbescheide zu veröffentlichen. Seine Regierung paktiert noch mehr mit den großen Konzernen und den Börsen als die gemäßigte Linke vor ihm. Die britischen Konservativen wissen wahrscheinlich selbst nicht, wie sie ihr Land nach dem Brexit gestalten wollen. Die einzige bislang erkennbare Vision besteht darin, Großbritannien als einen Niedrigsteuerstandort zu profilieren. Der Brexiteer Boris Johnson fiel jüngst mit dem Vorschlag auf, man könne in Großbritannien Freihäfen nach dem Vorbild Singapurs errichten (neoliberale Vordenker wie Milton Friedman waren seit je von Singapur und der vormaligen Kronkolonie Hongkong fasziniert), wo Superreiche Kunstgegenstände usw. einlagern könnten. Wenig später kam heraus, dass Johnson einige Wochen zuvor eine Spende von der privaten Hafenverwaltung in Bristol erhalten hatte.[32]

Auch Viktor Orbán und die von der FPÖ mitgeführte Regierung in Österreich haben umfangreiche Kürzungen im Sozialbereich durchgesetzt, die AfD hat Ähnliches für Deutschland vor. Die Sozial- und Wirtschaftspolitik der Rechtspopulisten steht somit in Kontinuität zum Neoliberalismus. Dass ihre Wirtschafts- und Sozialpolitik vielleicht doch nicht so populistisch ist, wie in den jeweiligen Wahlkämpfen vorgegeben, werden ihre Wähler allerdings erst merken, wenn es zu spät ist. Eine weitere Kontinuität zum Neoliberalismus liegt in der Ablehnung kritischer Debatten, die als – von Fake News Media verbreitete – Fake News abqualifiziert werden.

Umso mehr ist seit 2016 ein Ausbau der nationalistischen Propaganda zu beobachten, die Migranten zu einer akuten Bedrohung aufbauscht und absichtlich Krisen an den Grenzen und in Auffanglagern produziert, um alle Aufmerksamkeit darauf auszurichten. Hier kommt ein Mechanismus zum Tragen, den wir aus der Zeit vor und nach dem Ersten Weltkrieg kennen: Nationalismus wird gezielt zur Ablenkung von anderen Problemen eingesetzt. Auch die Einengung auf eine ethnisch definierte Nation, im Duktus der Rechtspopulisten das »wahre« oder »echte Volk«, gab es früher schon. Dieser Nationalismus ist in der Tiefenmatrix der europäischen Gesellschaften abgespeichert und in den neuen EU-Mitgliedsstaaten, die erst nach 1989 ihr volle Souveränität wiedererlangten, besonders leicht abrufbar. Ein Unterschied zur ersten Hälfte des 20. Jahrhunderts liegt darin, dass dieser Nationalismus nicht mehr expansiv gedacht wird. Niemand will sich heute Territorien der Nachbarstaaten aneignen, außer das neoimperiale Russland. Doch der Verteidigungsmodus und der Fokus auf eine ethnisch definierte Gesellschaft machen den neuen Nationalismus nicht minder gefährlich. Die Aggression richtet sich dadurch vermehrt gegen Minderheiten im eigenen Land oder gegen Andersdenkende, wie sich an den zunehmenden rechtsextremen Anschlägen in verschiedenen westlichen Ländern ablesen lässt.

Die Gefahren des Nationalismus und des Rassismus kommen übrigens bei Polanyi nur am Rande vor, obwohl er zwei Mal in seinem Leben vor radikalen Nationalisten und Antisemiten fliehen musste. Diese Schwäche seines Buchs hängt mit seinem marxistischen Hintergrund zusammen, der ihn für soziale Fragen sensibilisierte, jedoch nicht für nationale Konflikte und den Rassismus seiner Zeit. Der Nationalismus, der zum einen die EU, zum anderen die Gesellschaften der Mitgliedsländer spaltet, ist akut die größte und möglicherweise immer noch unterschätzte Gefahr.

2. Den Frieden verloren. Die USA nach dem Kalten Krieg

Ich weiß nicht, ob Nostalgie ein gesunder Gemütszustand ist. Als junger Mensch ist man nie nostalgisch. Das kommt erst mit dem Alter, wenn verschiedene Körperteile zwicken und man sich nach einer Zeit zurücksehnt, als jeder Tag frisch und unbeschwert begann. Nostalgie ist auf einen Zustand bezogen, von dem wir unterbewusst wissen, dass es ihn nicht mehr gibt und wahrscheinlich nie gegeben hat. Dennoch durchdrang politische Nostalgie die Hauptstadt Washington, als George Bush senior, der Altpräsident, dort Ende 2018 sein Staatsbegräbnis erhielt. Mit Bush wurde ein gemäßigter Konservatismus zu Grabe getragen, der in den USA als politisch relevante Strömung nicht mehr existiert, jedenfalls nicht in der Republikanischen Partei. Dass Bush einmal ein Objekt von Nostalgie sein würde, hätte bei seinem politischen Abgang 1993 niemand vorhergesagt. Als er nach zwölf langen Jahren republikanischer Herrschaft die Präsidentschaftswahlen verlor, herrschte das Gegenteil von Nostalgie. Der Sieger der Wahl, Bill Clinton, versprach in seiner Antrittsrede einen politischen Neubeginn und einen wirtschaftlichen Aufschwung nach der langen Stagnation Anfang der neunziger Jahre.

Clinton gelang es nicht ganz, an die Rhetorik von John F. Kennedy anzuschließen, dennoch verbreitete er Aufbruchsstimmung. Das hing mit ökonomischen Zyklen zusammen. Nach der Rezession von 1991 konnte es fast nur aufwärtsgehen, außerdem begann der Boom der Computerbranche, der bald die gesamte Wirtschaft antrieb (ich erinnere mich an meinen ersten Laptop, sein Gewicht von fast fünf Kilo und den winzigen Bildschirm – auch das spricht gegen falsche Nostalgie). Clinton war der erste Vertreter der Generation der Babyboomer, der das höchste Staatsamt der USA erreichte. Dieses Label passte zu ihm auch äußerlich: Er sah mit seinen glatten Wangen und seinem Lockenkopf jungenhaft aus; da er sich selbst aus einfachen Verhältnissen hochgearbeitet hatte, wirkte sein Eintreten gegen die wachsende soziale Ungleichheit glaubhaft.

Der frisch gewählte Präsident kündigte in seiner Antrittsrede außerdem einen »Frühling« der Demokratie an. Das war seine Vision für die Welt, überall wollte er nach dem Motto »ihre Sache ist Amerikas Sache« die Anhänger der Demokratie stärken.[1] Dieser Vision verdankte ich indirekt meine Anwesenheit bei seinem Amtsantritt. Mein Studium an der Georgetown University wurde durch ein Fulbright-Stipendium finanziert; dieses größte internationale Stipendienprogramm des 20. Jahrhunderts wurde im Kalten Krieg eingerichtet, um Botschafter der USA und ihrer demokratischen Werte zu schaffen (heute ist das Programm von starken Kürzungen bedroht, weil Präsident Trump es für überflüssig hält).

Als Studenten der Georgetown University waren wir auf die Clintons gut vorbereitet. Man muss die beiden im Plural nennen, denn als erste Präsidentengattin überhaupt vertrat Hillary Clinton offen eine politische Agenda. Sie wollte das marode Gesundheitssystem reformieren und eine allgemeine Krankenversicherung einführen. Das Problem war, dass sie dafür kein demokratisches Mandat besaß und die amerikanische Öffentlichkeit noch nicht so sehr an selbstbewusste Frauen gewohnt war. Zu den aktiven Unterstützern der First Lady gehörte eine unserer Professorinnen in Georgetown (weibliche Professoren waren damals in Deutschland selten, auch in dieser Hinsicht war das Studium in den USA eine gute Erfahrung), die Politikwissenschaftlerin Madeleine Albright. Sie war neben ihrer Professur als außenpolitische Beraterin der Demokratischen Partei tätig. Wir Studenten drückten unserer charismatischen Professorin, die öfter zu Privatempfängen einlud, dafür die Daumen, bei der Wahl hielten wir fast ausnahmslos zu den Demokraten. Nach der Wahl ernannte Clinton sie zur UN-Botschafterin, in seiner zweiten Amtszeit stieg Albright dann als erste Frau in der Geschichte der USA zur Außenministerin auf.

Es gehört in den Vereinigten Staaten zu den guten politischen Sitten, dass die Bevölkerung Anteil an der Amtseinführung des neuen Präsidenten nimmt. Demokratie beruht bekanntlich auf Partizipation, nicht nur auf einer Stimmabgabe alle vier Jahre, und so partizipierten wir Studenten am demokratischen Machtwechsel. Dessen öffentliche Inszenierung ist derart gestaltet, dass der neue Präsident mit einem überlangen schwarzen Cadillac vom Capitol Hill über die Pennsylvania Avenue zum Weißen Haus fährt, bejubelt von fahnenschwenkenden Massen. Der zweite deutsche Fulbright-Student in Georgetown und ich bekamen aus diesem Anlass ebenfalls ein paar Fähnchen zugesteckt.

Mit dem Argument, dass wir von oben noch besser die Fahnen schwenken könnten, kletterten wir auf den höchsten Baum an der Pennsylvania Avenue, direkt vor dem Weißen Haus. Heute wäre das aufgrund der Sicherheitsvorkehrungen völlig ausgeschlossen, damals blickten wir über die Menschenmassen und die vielen Fernsehkameras hinweg direkt auf die nahende Staatskarosse. Bill Clinton war im Unterschied zum steifen George Bush ein volksnaher Typ, er stieg einige hundert Meter vor dem Weißen Haus aus dem Cadillac und lief zu Fuß zu seinem künftigen Amtssitz. Das trieb die Begeisterung der Massen weiter an, sie riefen und kreischten »We want Bill, we want Bill«. Die Bäume der Demokratie schienen damals in den Himmel zu wachsen.

Dieser Meinung waren auch die vielen Studenten und Multiplikatoren aus dem östlichen Europa, die mit zusätzlich aufgelegten Stipendien ein oder zwei Semester in den USA verbrachten. Die Polen, Slowaken und Tschechen sprachen untereinander ein panslawisches Mischmasch, denn Russisch, mit dem sie sich vermutlich leichter hätten verständigen können, war verpönt. Mangels Geld – die Stipendien waren knapp bemessen – verbrachten wir viele Abende bei Küchenpartys, im Prinzip wie in Osteuropa, und waren uns alle einig, dass die Zukunft der Demokratie gehöre. Ein Trinkspruch darauf und noch eine Runde und noch ein Toast; der Rest versinkt im Nebel der Erinnerung, denn die Polinnen waren trinkfester als ich.

Ein Vierteljahrhundert später herrscht politische Katerstimmung. Allenthalben sprechen die Medien und Politologen von einer Krise der Demokratie, der Bedrohung durch Rechtspopulisten, dem möglichen Zerfall der EU und des Westens als einer Werte- und Staatengemeinschaft, die es vielleicht tatsächlich nicht mehr gibt. Mir geht es in diesem Essay um eine persönliche Spurensuche, ermöglicht durch eine weitere Einladung in die USA, dieses Mal als Gastprofessor an die New York University.

Dabei stehen die neunziger Jahre im Vordergrund, ein bisschen aus persönlichen Motiven, jedoch vor allem aus intellektuellen und historiografischen Gründen. In dieser Dekade wurden die Weichen für die gesellschaftlichen und politischen Verwerfungen der jüngsten Zeit gestellt. Meine Rückkehr nach Amerika führt zu keinem spezifischen Ort wie Didier Eribons Rückkehr nach Reims. Es ist auch keine persönliche Auseinandersetzung mit einem Übervater, wie es Pierre Bourdieu für den französischen Soziologen war (geprägt hat mich Bourdieu trotzdem; von ihm habe ich gelernt, wie ein Klassenkampf auch von oben geführt werden kann).

Für dieses Buch ist Karl Polanyi die wichtigste Quelle der Inspiration, was mit dem in der Einleitung erwähnten Aha-Erlebnis bei der zweiten Lektüre zu tun hat. Man versteht die Welt besser, wenn man *The Great Transformation* gelesen hat. Das Buch kann vor allem dabei helfen, den globalen Umbruch von 1989 und die nachfolgende Transformation, wie sie in den vergangenen dreißig Jahren definiert wurde, aus einem anderen Blickwinkel zu betrachten und nicht kleinzureden, wie es in letzter Zeit in der deutschen Zeitgeschichte fast modisch geworden ist. Auch in den USA markiert das Jahr 1989 eine zwar nicht so offensichtliche, jedoch langfristig wirksame Zäsur. Erst im Anschluss daran wurde der Neoliberalismus, der in Gestalt der Reagonomics das Land bereits in den Achtzigern stark verändert hatte, derart hegemonial und unumkehrbar.

Das hing mit dem Triumphalismus nach dem Ende des Kalten Krieges zusammen, der die Voraussetzung dafür bildete, dass die schlecht begründete These von Francis Fukuyama auf solche Resonanz stieß. Dass es nach dem »Ende der Geschichte« keine »systemische Alternative« zur liberalen Demokratie und freien Marktwirtschaft geben würde, war ein verbreiteter Irrglaube. Davon gingen beide großen Parteien der USA sowie fast alle westlichen Wirtschaftsberater aus, die in den ehemaligen Ostblock entsandt wurden, um dort den Übergang zur Demokratie und einer freien Marktwirtschaft zu gestalten. Es waren außerdem die beiden Teloi der Transitologen, die sich nach 1989 mit dem Umbruch im östlichen Europa befassten.[2] Abgesehen davon enthielt Fukuyamas Essay jede Menge Seitenhiebe gegen die Demokratische Partei und die Progressiven im eigenen Land. Der neokonservative Politologe feierte die Wahlsiege der »völlig pro Markt und antistaatlich orientierten Konservativen« in den wichtigsten Staaten der westlichen Welt.[3] Als zwei

Jahre später die Sowjetunion zusammenbrach, fühlten sich die »Neocons« erneut bestätigt, Fukuyama veröffentlichte daraufhin eine Langversion seines Aufsatzes. Zurzeit stößt sein aktuelles Buch auf große Resonanz, in dem er behauptet, die Linken seien schuld daran, dass es nur noch um »identity politics« gehe, was dann den Rechtspopulisten zum Aufstieg verholfen habe.[4]

Fukuyamas ältere Thesen bieten immerhin einen guten Ausgangspunkt, um darüber nachzudenken, was der Zusammenbruch der Sowjetunion für den Westen bedeutete. Fortan fehlte das Widerlager, die Systemkonkurrenz als Korrektiv, das nach 1945 insbesondere in Kontinentaleuropa und sogar in den angelsächsischen Mutterländern des Liberalismus dazu beigetragen hatte, den Kapitalismus »einzubetten«. Im Anschluss an die Zeitenwende von 1989 wurde die Marktwirtschaft überall auf der Welt »entbettet«, entsprechend den Lehren von Milton Friedman und der von ihm angeführten Chicago School of Economics. Das bestimmte parteiübergreifend den Horizont und die Handlungsmöglichkeiten.

Bill Clintons Zug in die Mitte

Als Bill Clinton die Präsidentschaft gewann, hatte er viel vor und konnte sich auf eine breite Mehrheit in beiden Kammern des Parlaments stützen. Die Einführung einer universellen Krankenversicherung war damals so naheliegend wie unter Barack Obama, der das große Reformvorhaben dann 2010 nachholte. Die USA leisten sich im Verhältnis zum Bruttoinlandsprodukt das mit Abstand teuerste Gesundheitssystem der Welt, das jedoch nur einen Teil der Bevölkerung versorgt. Das bekam ich während meines Studiums hautnah mit, als ich einmal wegen einer akuten Erkrankung einen Arzt aufsuchen musste, aber abgewiesen wurde, weil ich beim ersten Anlauf nicht die richtigen Versicherungspapiere bei mir hatte und beim zweiten Anlauf die Sachbearbeiterin der Krankenhausverwaltung die Versicherung für Gaststudenten nicht kannte. Man musste bei jeder Behandlung erst einmal durch zwei, drei bürokratische Schleusen, ebenso bei der Abrechnung. Dieser aufgeblähte Apparat ist für einen großen Teil der hohen Kosten im US-Gesundheitssystem verantwortlich. Ein weiteres Problem sind verschleppte und zu spät behandelte Krankheiten, weil viele Menschen schlecht oder gar nicht versichert sind. Das wusste man schon 1993, als die amerikanischen Gesundheitskosten mehr als zwölf Prozent des BIP verschlangen, während sie in den anderen westlichen Staaten im Schnitt weniger als acht Prozent des BIP betrugen.[5] Heute liegt der Abstand zwischen den USA und dem Rest der westlichen Welt bei mehr als sechs Prozent.

Doch die Demokraten verfolgten 1993 noch viele andere Reformprojekte, darunter die Gleichstellung von Homosexuellen im Militär, in der Tat ein identitätspolitisches Thema. Identitätspolitik kann man in Abgrenzung von sozialpolitischen Agenden dadurch definieren, dass es dabei um die Anerkennung der Interessen von Gruppen geht, die sich durch ihre kulturelle oder sexuelle Orientierung und häufig ihre Abstammung und Hautfarbe definieren. Bis zum Wahlsieg von Bill Clinton war es ein Entlassungsgrund, wenn herauskam, dass ein Soldat oder eine Soldatin – damals gab es noch nicht so viele Frauen in Uniform – homosexuell war. Nicht selten schnüffelten Ermittler der Armee deshalb im Privatleben der Soldaten herum, wogegen es kein Vergehen war, wenn diese Prostituierte aufsuchten.

Am fünften Tag ihrer Amtszeit bestellten Clinton und sein Vizepräsident Al Gore den Generalstabschef Colin Powell ein, um eine neue Regelung zu diskutieren. Gore, der in äußerst privilegierten Verhältnissen aufgewachsen war, fragte Powell, ob er nicht eine Parallele zwischen der Diskriminierung der Afroamerikaner und der Homosexuellen sehe (man weiß das alles genau, weil die entsprechenden Gesprächsprotokolle vor Kurzem von den National Archives deklassifiziert wurden). Powell, der seine Jugend zur Zeit der offenen Rassendiskriminierung im »Getto« der South Bronx verbracht hatte, wies diesen Vergleich zurück. Wie so viele schwarze Amerikaner hatte sich Powell bei der Armee verpflichtet, weil das Militär einen Weg aus der Armut und zu einer gesicherten Existenz bot. Er hätte Gore belehren können, dass es einen riesigen Unterschied zwischen beiden Formen der Diskriminierung gab, angefangen von der Sichtbarkeit der Hautfarbe bis zu den Proportionen des Problems. Ein gutes Achtel der Bevölkerung der USA sind Afroamerikaner, die Kinder aus gemischtrassigen Ehen eingerechnet noch mehr.

Einer der bei den Verhandlungen anwesenden Generäle ließ es auf einen offenen Streit ankommen und steckte den Konflikt den Medien. Für die Konservativen war dies ein gefundenes Fressen; das gesamte erste Amtsjahr trieben sie Clinton damit vor sich her, ehe Ende 1993 der Formelkompromiss »Don't ask, don't tell« erreicht wurde. Demnach ermittelte die Armee intern nicht mehr gegen Homosexuelle, die jedoch nicht offen über ihre sexuelle Orientierung sprechen sollten. Diese Lösung bot keinen durchgreifenden Schutz vor Diskriminierung, denn auch in den folgenden zehn Jahren wurden fast 10000 Homosexuelle aus der Armee entlassen. So viel hätte die Regierung auch mit einer einfachen Verwaltungsverordnung zu den internen Ermittlungen erreichen können.

Diskrete Lösungen sind bei identitätspolitischen Themen allerdings schon allein deshalb schwierig, weil es den jeweiligen Gruppierungen stets um die öffentliche Anerkennung ihrer Orientierung und Diskriminierung geht. Naturgemäß kommt dabei jene Gruppe zum Zug, die am lautesten für ihr Anliegen trommelt, während andere zurückbleiben, die weniger in der Lage sind, eine schlagkräftige Lobby zu bilden. Das trifft in den USA trotz der offensichtlichen und im Vergleich zu Deutschland viel größeren Unterschiede zwischen Arm und Reich auf all jene Gruppen zu, die man als sozial benachteiligt bezeichnen kann. Weder die Industriearbeiter (deren Gesamtzahl seit bald einem halben Jahrhundert schrumpft) noch das neue Dienstleistungsproletariat, das von seinen Löhnen nicht mehr leben kann, ist im demokratisch regierten Washington angemessen repräsentiert (dasselbe gilt übrigens für die New Yorker Schulen, die meine Kinder während unseres Aufenthalts besuchen; dort gibt es sehr aktive Vereinigungen von homosexuellen und neuerdings auch von transsexuellen Eltern; dagegen gibt es keine Vertretung finanziell benachteiligter Eltern). Das ist ein Armutszeugnis für die Linke, die es außerdem größtenteils verlernt hat, die Sprache der Unterschichten zu sprechen. Dieser Mangel hängt wiederum mit der Rekrutierung des politischen Nachwuchses zusammen, der meist von den Universitäten stammt, nicht aus der alten oder der neuen Arbeiterklasse. Das hat Folgen für die politische Kommunikation; die jungen demokratischen Abgeordneten, die 2018 aus Protest gegen Donald Trump in den Kongress gewählt wurden, können jederzeit ein gutes Referat über Diversität halten, kennen aber bis auf wenige Ausnahmen kaum den Arbeitsalltag bei Amazon und vergleichbar ausbeuterischen Großkonzernen. An der Georgetown University war die sexuelle Orientierung ebenfalls ein viel diskutiertes Thema und der Begriff der Identität die große Mode. Einer der Geschichtsprofessoren, ein ehemaliger Mönch und bekennender Homosexueller, setzte »Queer History« ganz oben auf die Agenda seines Grundlagenseminars im Masterstudium. Wochenlang ging es um die tatsächlich bestürzende Diskriminierung von Schwulen und Lesben, chemische Kastrationen und viele schreckliche Einzelschicksale. Doch auch hier drängte sich die Frage der Proportionen auf, denn über die Rassendiskriminierung lernten wir weniger, die Ausbildung im Bereich Sozialgeschichte fiel fast völlig aus, und die Geschichte der Sozialsysteme wurde gar nicht angesprochen, obwohl das angesichts der angekündigten Gesundheitsreform nahegelegen hätte.[6] Wahrscheinlich hatten wir in unserem Seminar das gleiche Problem wie in der großen Politik: Man kann nicht alle Themen auf einmal behandeln, man muss Schwerpunkte setzen.

Die von Clinton geplanten Sozialreformen waren unter den Studenten nur bedingt ein Thema, was damit zusammenhängen dürfte, dass sie uns kaum direkt betrafen. Auf dem Capitol Hill blieb dann die Krankenversicherung, die noch weit mehr Menschen begünstigt hätte als nur die Afroamerikaner, auf der Strecke. Als Anekdote am Rande sei vermerkt, dass eine Mehrheit meiner Mitstudenten im Grundlagenkurs für Geschichte keinen Marx mehr lesen wollten, weil sie der Meinung waren, dass der Kommunismus und damit der Marxismus gescheitert seien. Dagegen diskutierten sie eifrig den Cultural Turn, der damals als Offenbarung galt. Analog dazu war der Postmaterialismus ein großes Thema, also die Annahme, dass aufgrund des langen Aufschwungs der Nachkriegszeit und des allenthalben gewachsenen Wohlstands von nun an der kulturelle Wandel und Werte im Vordergrund stehen würde und nicht mehr wirtschaftliche und soziale Konflikte.

Man konnte die relative Popularität einer kulturellen gegenüber einer sozialen Agenda am Besuch von Vorträgen ablesen. Als der Erfinder des »World Value Survey«, Ronald

Inglehart, zum Vortrag kam, war das Auditorium mit mehreren hundert Zuhörern überfüllt. Dagegen lockten soziale Themen, etwa die grassierende Armut in der Hauptstadt, allenfalls eine Handvoll Studenten an. Mehr als die Hälfte von Washington galt damals als »No-go-Area«; dort kam es nahezu täglich zu Schießereien und manchmal sogar zum sogenannten »Carjacking«, dem Raub von Autos mit vorgehaltener Pistole an Ampeln oder in Verkehrsstaus. Die hohe Kriminalität war ebenfalls eine offene Flanke der Demokraten. Anfang 1994 eroberte Rudolph Giuliani (heute der Anwalt von Trump) mit seinem Slogan »Zero Tolerance« das Rathaus von New York City. Dagegen scheiterte die »Rainbow Coalition«, ein breites Bündnis von Afroamerikanern, Latinos, Frauenrechtlerinnen, Bürgerrechtlern und Homosexuellen, sogar in dieser Hochburg der Demokraten.

Im Herbst 1994 folgte die schlimmste Niederlage, die eine regierende Partei in den USA jemals erlitten hat, jedenfalls nach dem Zweiten Weltkrieg. Bei den Zwischenwahlen gewannen die Republikaner den Senat und 54 Sitze im Kongress dazu; es war überhaupt das erste Mal seit 1952, dass sie die Mehrheit im Repräsentantenhaus errangen. Vor allem im Süden und im Mittleren Westen erzielten die Konservativen einen Erdrutschsieg, außerdem gewannen sie bei der weißen Mittelklasse in den Bundesstaaten New York und in Kalifornien dazu.

Obendrein stammten viele der neu gewählten Republikaner vom rechten Flügel der Partei. Sie waren glühende Anhänger des Neoliberalismus, wollten den Staat auf ein Minimum reduzieren und sahen ähnlich wie schon Ronald Reagan die Märkte als Allheilmittel für sämtliche wirtschaftlichen und gesellschaftlichen Probleme. Die Republikaner ließen 1995 den Streit um das defizitäre Staatsbudget derart eskalieren, dass die Regierung erstmals mehrere Wochen lang ihre Tätigkeit einstellen musste.[7] Nur der Shutdown von 2018/19 unter Trump dauerte noch länger; der große Unterschied zu 1995 lag darin, dass der Präsident und die regierende Partei ihn veranlassten und nicht die Opposition.

Die Neocons und der Aufstieg der Rechtspopulisten

In unserer Wohngemeinschaft in Georgetown – drei Studenten und fünf junge Mitarbeiterinnen und Mitarbeiter von Parlamentsabgeordneten teilten sich ein Reihenhaus – wohnte damals ein republikanischer Aktivist, der sich als Praktikant auf dem Capitol Hill seine ersten politischen Sporen verdiente. Er war im Prinzip ein netter Kerl, schimpfte nur vor und nach der Arbeit pausenlos und ordinär auf beide Clintons. Das war offenbar die Methode, um sich in seiner Kohorte einen Namen zu machen. Diese Selbstradikalisierung der eigenen »peer group« ist auch einer der Schlüssel, um die politischen Dynamiken im Regierungskabinett von Donald Trump und in der Umgebung anderer Rechtspopulisten zu verstehen. Das Geschimpfe unseres Mitbewohners stand in merkwürdigem Kontrast zu seinen dunkelblauen Anzugjacken und den stets akkurat gekämmten und gegelten Haaren. Die Studenten in der WG schmunzelten über diesen »angry young man«, aber das war im Nachhinein betrachtet eine Fehleinschätzung. Er war ein Zeichen dafür, dass es bereits in den Neunzigern eine Generation junger »Neocons« gab, die wesentlich radikaler waren als der Mainstream der Republikaner. Die jungen Wilden kamen nicht unbedingt aus einem konservativen Umfeld. Unser kleiner Republikaner rebellierte mit seinen Ansichten gegen die 68er; sein Vater war Moderator bei einem der großen linksliberalen Fernsehkanäle.

Im Präsidentschaftswahlkampf von 1996 ging die Radikalisierung der Republikanischen Partei noch einen Schritt weiter. Der Journalist und Publizist Pat Buchanan, der unter Ronald Reagan einige Jahre als Kommunikationsdirektor gedient hatte, wetterte gegen das Establishment in Washington (in dem er selbst aufgewachsen war und seine Karriere gemacht hatte), kritisierte die kürzlich gegründete Freihandelszone Nafta als schlechten Deal für die USA und vertrat eine offen nationalistische und rassistische Agenda. Buchanan hetzte gegen Minderheiten und behauptete, die massenhafte Einwanderung laufe auf eine »Umvolkung« der USA hinaus. In Europa verbreiteten rechtspopulistische und rechtsnationalistische Parteien ähnliche Thesen und erreichten in Frankreich, Belgien, Italien und Österreich damit ihre ersten großen Wahlerfolge. Buchanan, der für seine Ansichten unter den Rechten der USA bis heute verehrt wird, erreichte bei den republikanischen Vorwahlen für die Präsidentschaftskandidatur mehr als zwanzig Prozent der Stimmen und einen ehrenhaften zweiten Platz. Viele halten ihn für einen geistigen Vorläufer von Donald Trump, in der Tat hat Buchanan in dessen Umfeld zahlreiche Anhänger.

Zu ihnen gehört einer der einflussreichsten Berater des gegenwärtigen Präsidenten, Stephen Miller. Auf den 1985 geborenen Experten für Innen- und Migrationspolitik gehen die Idee einer Mauer zu Mexiko, der »Muslim travel ban« und andere Einschnitte bei der Einwanderung und im Asylrecht zurück. Miller verfolgt außerdem das viel weiter gehende Ziel, beim Staatsbürgerschaftsrecht das Ius soli abzuschaffen. Wenn er sich damit durchsetzt, werden die USA kein Einwanderungsland mehr sein, aus der Staatsbürgernation würde eine geschlossene ethnische Gemeinschaft.

Miller als Rechtspopulisten zu bezeichnen, wäre in zweifacher Hinsicht irreführend: Es hieße, der amerikanischen

Gesellschaft zu unterstellen, dass seine radikale Anti-Immigrationsagenda genuin populär ist, und man unterschätzte damit die ideologische Ausrichtung von Miller und der gesamten Regierung Trump. Dies sei hier auch zur politikwissenschaftlichen Literatur über den Populismus angemerkt, die mit Autoren wie Cas Mudde, Cristóbal Rovira Kaltwasser und Jan-Werner Müller davon ausgeht, dass es sich dabei um keine klar definierbare Ideologie handelt.[8] Das mag so sein, aber der Einfluss des Rechtsnationalismus, der die Nation als Wert überhöht und sie zugleich ethnisch nach außen abschließt, ist offensichtlich und prägt die Regierungsarbeit in den USA, ebenso in Ungarn, Polen, Italien, Österreich und überall sonst, wo sich Rechtspopulisten an der Macht befinden. Vielleicht sollte man sie daher eher als Rechtsnationalisten bezeichnen. Im Gegensatz zu Trump, der schon allein aufgrund seines Lebensalters ein Ablaufdatum besitzt, haben Miller und andere radikale Republikaner noch eine lange Zukunft vor sich.

Was den einflussreichen Präsidentenberater antreibt, weiß man nicht so genau, vermutlich geht sein Radikalismus wie bei unserem neokonservativen Mitbewohner ebenfalls auf einen Generationenkonflikt zurück. Miller wuchs in den neunziger Jahren in einem begüterten Haushalt im multikulturellen Südkalifornien auf. Bereits in der Schule rebellierte er gegen sein linksliberales Umfeld, die Aufwertung des Spanischen zur zweiten offiziellen Sprache und speziell die bilingualen Durchsagen in der Schule. Vor dem Hintergrund der Geschichte des Nationalismus (der bei Polanyi übrigens kaum vorkommt, ein Schwachpunkt, den er mit anderen Marxisten seiner Zeit teilt) ist diese Art des Chauvinismus nichts Neues. Als Miller dann an der Duke University studierte, einer weiteren Hochburg der Linksliberalen, machte er mit einer Reihe von Aktionen, Artikeln in der Studentenzeitung und der Einladung rechtsradikaler Gastredner auf sich aufmerksam. Die gezielten Provokationen trugen ihm schließlich Einladungen zu Fernsehinterviews auf Fox News ein, die ihm den Weg in Trumps Wahlkampfteam und das Weiße Haus bahnten.[9] Der von Miller und seinen Gesinnungsgenossen verbreitete Illiberalismus funktioniert vor allem in Abgrenzung zu einem imaginierten linksliberalen Amerika, das es so allenfalls an einigen elitären Universitäten gibt oder gegeben hat. Ein anderes Hassobjekt waren seit je die Clintons und später, mit mehr oder weniger offenem Rassismus, Barack Obama.

Rip off America: Der dysfunktionale Kapitalismus

Bill Clinton hatte bei den Präsidentschaftswahlen 1996 das Glück, dass er in Bob Dole auf einen wenig überzeugenden Gegenkandidaten traf, einen moderaten Konservativen älteren Typs. Clintons Strategie gegen die Kritik und die Konfrontation von rechts war, sich als Mann der Mitte und des Ausgleichs zu präsentieren. (Obama positionierte sich im Prinzip ähnlich, was aber erneut zulasten eines klaren Profils der Demokraten ging.) Clinton gewann ein zweites Mal, daher werden die neunziger Jahre heute häufig mit seinem Namen verbunden. Sie gelten in den USA allgemein als ähnlich goldene Ära wie die frühe Nachkriegszeit. Der Aufschwung erfasste vor allem die Bundesstaaten an der Atlantik- und der Pazifikküste, die auch heute noch demokratisch wählen. New York City erlebte eine Renaissance, Kalifornien, Washington sowie alle anderen Standorte von Computer- und Softwareunternehmen einen Boom.

Doch die alten Industriereviere rund um die großen Seen, in Pennsylvania und an der Ostküste kamen nicht aus der

Krise. Aufgrund der Freihandelspolitik, die Clinton vorantrieb, gingen im »Rust Belt« (der Begriff stammt aus dem Präsidentschaftswahlkampf von 1984) Millionen von Arbeitsplätzen verloren. Das lag ähnlich wie in Deutschland an der Konkurrenz aus dem Ausland und an Produktionsverlagerungen. Während die Bundesrepublik jedoch nach der Jahrtausendwende davon profitierte, dass die osteuropäischen Staaten, wohin die Industriearbeitsplätze wanderten, deutsche Produkte nachfragten und sich diese nun auch leisten konnten, erzeugte der Freihandel mit China (oder Mexiko) keine höhere Nachfrage nach amerikanischen Autos oder Haushaltsgeräten, die übrigens 2018 fast genau gleich aussehen und funktionieren wie 1992; insofern ist die Rückkehr nach Amerika manchmal wirklich wie eine Reise in die Vergangenheit.

Der Dienstleistungssektor fing den Niedergang der Industrie teilweise auf, doch dort bezahlten die meisten Firmen geringere Löhne. Insofern hätte es in den neunziger Jahren Bedarf für eine sozialpolitische Agenda gegeben und mit dem neuen Dienstleistungsproletariat ein Zielpublikum. Mit einer aktiveren Sozialpolitik hätten sich die negativen Folgen der Globalisierung abfedern lassen, was den kontinentaleuropäischen Sozialstaaten besser gelang als den historischen Pionieren des Freihandels, den USA und Großbritannien. Doch Clinton übernahm die staatsfeindliche Rhetorik der Republikaner und deklamierte in seiner zweiten Antrittsrede, das Zeitalter von »big government« sei vorüber.[10]

1996 verabschiedete eine große Mehrheit im Kongress umfassende Sozialreformen, die Demokraten wollten damit wie Tony Blairs New Labour und später Gerhard Schröder in die politische Mitte rücken. Daher vertraten sie in den neunziger Jahren primär die Interessen der Mittelklasse, der Häuslebauer und der Konsumenten. Das Shopping entwickelte sich vom banalen Einkauf zur beliebten Freizeitbeschäftigung, dank der Produktionsverlagerungen wurden viele Konsumartikel immer billiger. Allerdings wurde der Kauf auf Pump noch mehr zur Normalität als unter Ronald Reagan. Insofern hat die große Krise von 2008, die als Schuldenkrise begann, ihre Wurzeln in dieser Zeit.

Unter der Oberfläche des Booms lebten die USA in den neunziger Jahren und nach der Jahrtausendwende weiter von der Substanz. Der Verfall der Infrastruktur ist für jeden Touristen sichtbar, der die USA bereist, es bröckelt an allen Ecken und Enden. Den Zustand der Gehsteige, Straßen, Brücken, Autobahnen kann man relativ einfach erklären: Schon zur Regierungszeit von Bill Clinton wurde nicht einmal ein Prozent des Bruttoinlandsprodukts in die öffentliche Infrastruktur investiert. Dabei sind für deren Aufrechterhaltung eigentlich doppelt so hohe Ausgaben nötig. Dieses Missverhältnis ist kein rein amerikanisches Problem: Die Höhe der Ausgaben für die Infrastruktur und der eigentliche Bedarf decken sich ziemlich genau mit der bundesdeutschen Situation in der Regierungszeit von Angela Merkel.

Der Verfall der amerikanischen Infrastruktur begann in den achtziger Jahren unter Ronald Reagan. Für ihn und seinen wichtigsten Wirtschaftsberater Milton Friedman waren staatliche Ausgabenprogramme ein Tabu, wobei das Wettrüsten mit der Sowjetunion wie ein solches wirkte. Das Resultat der hohen Militärausgaben und diverser Steuererleichterungen war ein riesiges Haushaltsdefizit, das sich unter George Bush senior wegen der schlechten Konjunktur nochmals vergrößerte. Insofern war der Spielraum von Bill Clinton gering, als er 1993 die Erneuerung Amerikas versprach.

Obendrein musste der Demokrat nach der verheerenden Niederlage vom Herbst 1994 mit einer republikanischen Mehrheit im Kongress regieren. Die Republikaner waren damals überwiegend »fiscal conservatives«, die nach der jahrelangen Schuldenpolitik (ihrer eigenen Präsidenten) unbedingt einen ausgeglichenen Staatshaushalt erreichen wollten – so wie Wolfgang Schäuble zwanzig Jahre später in Deutschland. Bei den radikalen Republikanern hatte die Sparpolitik einen ideologischen Hintergrund. Getreu dem Motto »starve the beast« wollten sie den vermeintlichen bürokratischen Kraken in Washington aushungern.[11] Der nach der Jahrtausendwende beschrittene Weg bestand darin, die Staatseinnahmen durch Steuergeschenke derart herunterzufahren, dass künftigen Regierungen gar nichts anderes übrigbleiben würde, als Sozialprogramme zusammenzustreichen. Den radikalen Republikanern ist dabei sogar das Food-Stamps-Programm, bei dem die Ärmsten Essensmarken erhalten und im Supermarkt einlösen können, ein Dorn im Auge.

Noch haben sich diese fiskalischen Anarchisten nicht durchgesetzt, noch gibt es in den USA die Reste eines Sozialstaats, ein staatliches Rentensystem (das eine minimale Absicherung bietet) und eine allgemeine Krankenversicherung für Rentner und Behinderte (Medicare). Wer das 65. Lebensjahr vollendet hat, kann kostenfrei zum Arzt oder ins Krankenhaus gehen und bekommt dann auch teure Operationen sowie künstliche Knie- und Hüftgelenke, weil sich damit gut Geld verdienen lässt. Das treibt wiederum die Kosten und erklärt, warum die amerikanischen Gesundheitsausgaben so hoch sind. Die durchschnittliche Lebenserwartung der US-Bürger ist dennoch etwa zwei Jahre niedriger als die der Deutschen oder Franzosen. Das ist für Industriestaaten ein sehr großer Unterschied, außerdem sinkt die Lebenserwartung seit 2015. Das liegt vor allem am Missbrauch von Drogen und süchtig machenden Schmerzmitteln, die in der zweiten Amtszeit Clintons zugelassen wurden (prominente Opfer dieser Medikamente waren die Musiker Tom Petty und

Prince, insgesamt gehen Experten von rund 200 000 verfrühten Todesfällen aus).

Auch unter George Bush junior, der im Irak und in Afghanistan zwei kostspielige Kriege führte, blieben die Mittel für öffentliche Ausgaben wie Infrastrukturprojekte gering. 2007 hatte das ein Unglück zur Folge, das man mit dem Brückeneinsturz von Genua 2018 vergleichen kann: In Minneapolis brach eine der großen Autobahnbrücken über den Mississippi zusammen und stürzte in den Fluss. Dabei starben dreizehn Menschen, 145 wurden verletzt. Dieses Fanal löste eine Debatte über den Zustand der Infrastruktur und den Verfall der USA aus (der Diskurs über den allgemeinen Niedergang sollte Trump dann in seinem Wahlkampf von 2016 helfen), doch politische Konsequenzen, etwa ein großes Investitionspaket, blieben aus. George W. Bush fehlte gegen Ende seiner Amtszeit die Energie dafür, bald mangelte es dann auch an Mitteln, denn die Regierung steckte alle vorhandenen Steuergelder in die Rettung der Banken und Versicherungskonzerne.

Bereits Clinton hatte zahlreiche Zugeständnisse an die Wall Street gemacht, die sich mit Blick auf sein Regierungspersonal erklären. Robert Rubin, sein ranghöchster Berater für Wirtschaftspolitik und von 1995 bis 1999 Finanzminister, hatte zuvor als Vorstand bei der Investmentbank Goldman Sachs gedient, etliche andere Mitglieder des Nationalen Wirtschaftsrats kamen ebenfalls von der Wall Street. Der Schulterschluss mit den Börsen lag ganz im Sinne der Öffnung der Demokraten zur Mitte. Bill Clinton und nach ihm Gerhard Schröder inszenierten ihre Nähe zur Wirtschaft öffentlich und symbolisch, indem sie dicke Zigarren rauchten und teure Anzüge trugen. Damit verlagerte sich die Macht noch mehr als zuvor zu den Konzernen, die gar keine Lobbys mehr brauchten, um direkten Einfluss auf die Regierung zu nehmen. Warum Schröder und Clinton sich so verhielten – Tony Blair war hier vorsichtiger –, kann man wohl nur biografisch erklären: Beide stammten aus kleinen Verhältnissen und waren absolute Aufsteiger. Sie hätten diese Erfahrung dazu nutzen können, etwas gegen die nachlassende soziale Mobilität in den USA und in Deutschland zu unternehmen. Doch dann prägte das hohe politische Amt ihre Politik mehr als die Erinnerung an die eigene Biografie.

Clintons Finanzminister Rubin war ebenso wie die Republikaner im Kongress ein »fiscal conservative«, dem es gelang, das drei Jahrzehnte lang immer weiter ansteigende Haushaltsdefizit in einen großen Überschuss zu verwandeln. Darauf waren die Demokraten so stolz wie Wolfgang Schäuble auf seine schwarze Null. Die solide Haushaltspolitik zahlte sich allerdings nicht aus. 2000 verlor Al Gore, der sich immerhin den Aufschwung der Neunziger mit auf die Fahnen schreiben konnte, gegen George W. Bush. Das Ergebnis war sehr knapp, bei der Gesamtzahl der abgegebenen Stimmen lag Gore ebenso wie sechzehn Jahre später Hillary Clinton vorn. Doch ähnlich wie die Frau seines Chefs konnte Gore die Stammwähler der Demokraten in den Rust-Belt-Staaten nicht ausreichend mobilisieren. Die Arbeiterklasse hatte, wie erwähnt, kaum oder gar nicht vom Boom der neunziger Jahre profitiert und blieb folgerichtig den Wahlen fern oder wählte nicht mehr demokratisch. Von einer Krise der Demokratie sprach damals aber noch niemand, allenfalls anlässlich des Debakels bei der Stimmauszählung in Florida. Bush gewann dort mit ein paar hundert Stimmen Vorsprung, die ihm letztlich die Präsidentschaft einbrachten. Doch das wahre Problem war der hohe Anteil an Nichtwählern. Mit nicht einmal fünfzig Prozent lag die Wahlbeteiligung in den USA ähnlich niedrig wie in Polen und anderen postkommunistischen Ländern.

Auf den Machtwechsel von 2001 folgte ein haushaltspolitischer Rollentausch zwischen Republikanern und Demokraten, wie er sich zur etwa gleichen Zeit auch in Italien ereignete (siehe dazu den Essay zu »la Crisi«). Bis dahin vertraten vor allem die Konservativen eine sparsame und nachhaltige Haushaltsführung, jedenfalls solange sie in der Opposition waren. Dagegen standen die Demokraten wie früher die Sozialisten in Frankreich oder die SPD in Deutschland im Ruf, das Geld der Steuerzahler mit vollen Händen auszugeben und gegebenenfalls die Steuern zu erhöhen. Die Finanzminister Robert Rubin, Gordon Brown und in Deutschland Hans Eichel (der das Pech hatte, dass er mit einer schwachen Konjunktur und dem »Aufbau Ost« leben musste, vgl. dazu den folgenden Essay) waren auch deshalb so sehr auf ausgeglichene Staatsbudgets aus, weil sie dieses schlechte Image abstreifen und die moderate Linke attraktiver für die Mittelschichten machen wollten.

Der Schwerpunkt auf einem rationalen Wirtschaften und die Einschnitte in den Sozialstaat – dafür stehen in Deutschland die Hartz-Reformen – rückten die Sozialdemokraten in ein politisches Feld und einen Kompetenzbereich, den einst die Liberalen und Konservativen besetzt hatten. Etliche Jahre ging das politische Kalkül auf, die amerikanischen Demokraten und in Europa die Sozialdemokraten konnten den Verlust von Stammwählern in der Arbeiterschaft mit Zugewinnen in der Mitte kompensieren. Doch damit entstand zugleich ein politisches Vakuum, das später die Populisten verschiedener Couleur für sich nutzten.

Donald Trump hat den politischen Rollentausch der neunziger Jahre vollendet. Er gab 2016 vor, die Interessen der einfachen amerikanischen Arbeiter zu vertreten, und gewann damit die Wahlen in den Staaten des Rust Belt. Trumps zum Teil offener Rassismus ist gewissermaßen die Umkehrung der Rainbow Coalition. Statt des bunten Spektrums setzte er einfach auf die Farbe Weiß. Dass Trump die Staatskasse zugunsten der Reichen und nicht etwa der Armen plündert, werden seine Stammwähler irgendwann merken, vor allem aber seine Nachfolger, die nur noch geringen politischen Spielraum haben werden.

Diese Erfahrung machte bereits Barack Obama, der von seinem Vorgänger George W. Bush neben der schwersten Wirtschaftskrise der Nachkriegszeit ein riesiges Budgetdefizit erbte. Das lag daran, dass schon Bush (und nicht erst Trump) in seinem Haushaltsgebaren kein klassischer Konservativer mehr war. Er folgte dem Drehbuch der radikalen Neoliberalen und Antietatisten in seiner Partei und trieb den Staatshaushalt durch massive Steuergeschenke an die Reichen und die Unternehmen tief in die roten Zahlen. Auch das war ein Zeichen für die Verlagerung der Macht vom Staat zur Wirtschaft. Bushs Ziel bestand darin, die Investitionen und die Ökonomie anzukurbeln, wobei er dazu eigentlich die Massenkaufkraft hätte stärken müssen, nicht die Kaufkraft der obersten ein bis zwei Prozent der Bevölkerung. Mitte der nuller Jahre warnten maßgebliche Fachleute bereits, dass Bushs Schuldenpolitik und das riesige Handelsdefizit mit China – das indes ganz in der Logik der Ausrichtung auf billigen Massenkonsum lag – auf die Dauer nicht tragbar seien.

Die große Krise kam dann, anders als erwartet, nicht aufgrund der hohen Staatsschulden oder als Währungskrise (wie möglicherweise demnächst), sondern weil die Immobilienblase platzte. Die Regierung, die manche Republikaner zuvor am liebsten abgeschafft hätten, bewältigte die Krise schließlich, indem sie mehr als 600 Milliarden Dollar in die strauchelnden Banken und Versicherungskonzerne pumpte und noch weit höhere Kreditgarantien vergab.[12] Während sich die Bankmanager teilweise schon 2009 wieder hohe Bonuszahlungen genehmigten, verloren 4,3 Millionen amerikanische Familien ihre Häuser und Wohnungen, weil sie die Kreditraten nicht mehr bezahlen konnten. Besonders hart trafen die Zwangsversteigerungen die untere Mittelklasse, also das traditionelle Wählerreservoir der Demokraten. Die Bankenrettung hätte auch »von unten« funktionieren können, indem man den verzweifelten Schuldnern die Kredite gestundet hätte, aber das zogen Obamas Finanzminister Timothy Geithner (er wurde nach seiner Amtszeit CEO eines Finanzkonzerns) sowie sein oberster Wirtschaftsberater Larry Summers (als letzter Finanzminister unter Clinton einer der Hauptverantwortlichen für die Deregulierung der Banken) nicht näher in Betracht. Obwohl sich beide zweifelsohne Verdienste dabei erwarben, dass es 2008/09 nicht zu einem Szenario wie nach dem Schwarzen Freitag von 1929 kam, lieferte der Pakt der Demokraten mit der Wall Street die perfekte Wahlkampfmunition für Donald Trump. Die Wirtschaft erholte sich zwar bis 2016 auf dem Papier, aber wie in den Neunzigern verlief das Wachstum ungleich und erreichte den Süden, den Mittleren Westen und alle anderen Regionen, die besonders unter den Zwangsversteigerungen von Immobilien gelitten hatten, kaum. Daher kommt der große Zorn vieler Amerikaner und Trump-Wähler, von »denen da oben« in Washington betrogen worden zu sein.

Diese Schuldzuweisung ist nicht ganz verkehrt, geht jedoch in die falsche Richtung. Es sind vor allem die großen Konzerne, welche die Amerikaner durch Preisabsprachen ausnehmen. Dafür nur ein Beispiel: Verträge für Mobiltelefone kosten in den Vereinigten Staaten derzeit ungefähr das Dreifache wie in Deutschland (Anfang der Neunziger verhielt es sich genau umgekehrt, damals war das Telefonieren in den USA viel günstiger), ein Internetanschluss ist im Vergleich noch teurer. Doch auch bei einfachen Konsumartikeln wie Müllbeuteln und Klopapier gibt es offenbar Kartelle, denn auch sie kosten drei- bis viermal mehr als in Europa. »Rip off America« könnte man dies nennen, auch mit Blick auf Amazon, das eine so starke Machtposition aufgebaut hat, dass der Versandservice durchwegs schlechter und teurer ist als in Europa.

Präsident Trump hat den großen Konzernen durch seine Steuerreform von 2017 mehr als 1,5 Billionen Dollar Abgaben erspart. Die Idee der Republikaner war (ähnlich wie unter George W. Bush), dass dieses Geld zu Investitionen anregt und auf diese Weise neue und besser bezahlte Arbeitsplätze entstehen. Doch die Konzerne nutzten mehr als die Hälfte der Ersparnisse für Aktienrückkäufe an den Börsen. Das lässt die Kurse steigen und mit ihnen die Boni der Manager. Die versprochene Renaissance der Industrie wird ausbleiben. Das riesige Budgetdefizit der USA hat sich durch die republikanischen Steuergeschenke noch einmal vergrößert, das Handelsbilanzdefizit ist unter Trump ebenfalls gewachsen. Für einen möglichen demokratischen Nachfolger oder eine Nachfolgerin sind das keine guten Aussichten. Um die Staatsverschuldung in den Griff zu bekommen, müsste der neue Präsident entweder die Steuern massiv erhöhen oder zu Sparmaßnahmen greifen. Beides ist unpopulär und hätte negative Auswirkungen auf die Konjunktur.

Trump 2020?

Dass Trump 2020 verliert, ist ohnehin nicht ausgemacht. Seine Stammwähler stehen treu zu ihm, egal wie groß die Skandale sind, die er produziert. Indirekt nützen ihm die negativen Schlagzeilen sogar, denn so bleibt er – vergleichbar mit Berlusconi nach der Jahrtausendwende – stets im Gespräch.

Trump und seine Medienberater schaffen es immer wieder, die Aufmerksamkeit auf den vermeintlichen Notstand an der Grenze zu Mexiko und die illegale Migration zu richten.

Warum sind Flüchtlinge und Arbeitsmigranten – in Europa wie in den USA – derart angreifbar und zum Objekt von so viel Demagogie geworden? Sie sind gewissermaßen die Personifikation der Globalisierung und ihrer Schattenseiten. Dagegen hat es die Linke weit schwerer, die Kritik an den Konzernen und an der Wall Street zu emotionalisieren. Das Kapital bleibt anonym, die Kräfte des Marktes kann man nicht so leicht dingfest machen. Auch daher verpuffte die Widerstandsbewegung Occupy Wall Street.

Die heutigen Demokraten leiden unter einem strategischen Dilemma: Wenn sie auf ein linkes Profil setzen und Clintons und Obamas Pakt mit der Wirtschaft aufkündigen (das wäre ungefähr das Äquivalent zur Abschaffung von Hartz IV in Deutschland), was junge Wähler und Aktivisten in den urbanen Zentren an den Küsten einfordern, werden die Republikaner sie als Sozialisten diffamieren. Donald Trump hat bereits begonnen, die von der Kongressabgeordneten Alexandria Ocasio-Cortez eingebrachte Reichensteuer von siebzig Prozent und ihre Mitgliedschaft bei den Democratic Socialists of America zu zerpflücken. Allein in den Staaten an den beiden Küsten kann man die landesweiten Wahlen jedoch nicht gewinnen (selbst ein jüngerer Bernie Sanders hätte sie 2016 nicht gewonnen), sondern nur mit den Stimmen der überwiegend weißen Mittelklasse in der Mitte des Landes. Wahrscheinlich lässt sich das strategische Dilemma nur lösen, indem die Demokraten so verfahren wie Trump: Er versprach ein halbwegs normaler republikanischer Präsident zu werden und gewann die Wahl nicht zuletzt in der Mitte. Dann setzte er jedoch auf eine radikale Agenda; mittlerweile sind die gemäßigten Kräfte komplett aus seinem Umfeld verdrängt worden.

Nach einem Jahr in New York und einer Vortragsreise durch Kalifornien bin ich auch nicht mehr sicher, ob ich als Amerikaner demokratisch wählen würde, Alternativen gibt es wegen des Mehrheitswahlrechts nicht. Die beiden Bundesstaaten an der Ost- und der Westküste sind Hochburgen der Demokraten – und leiden unter besonders großen sozialen Problemen. Das liegt zum Teil am Zuzug armer Menschen aus dem In- und Ausland und an eigentlich positiven Entwicklungen, dem Boom der Hightechindustrie etwa, deren Angestellte meist sehr gut verdienen. Das hat allerdings den Verdrängungswettbewerb auf dem Wohnungsmarkt weiter verschärft. Außerdem investieren New York und Kalifornien ebenfalls viel zu wenig in die öffentliche Infrastruktur, angefangen bei den Straßen bis zu den Schulen (im Schuldistrikt von Los Angeles kam es 2018 zu einem großen Streik, weil die durchschnittliche Schülerzahl pro Klasse an staatlichen Schulen auf fast vierzig gestiegen war). Im Gegensatz zu früheren Industrialisierungsschüben durch die Eisenbahn, die Automobilindustrie, den Kraftwerksbau, später die Raumfahrt und die Herstellung von Computern kommt der neue Wohlstand, den Konzerne wie Google, Amazon und reine Internet- und Computerdienstleister erwirtschaften, in der Fläche nicht mehr an. Das Nebeneinander von Arm und Reich macht die Probleme umso sichtbarer.

In New York gab es immer schon viele Bettler und Obdachlose. Doch ein Unterschied zu den frühen Neunzigern sticht ins Auge: Meine Kinder und ich treffen auf dem Weg zur Schule immer häufiger Teenager, junge Frauen und Paare an, die auf der Straße gelandet sind. Das hat in vielen Fällen einen simplen Grund: Die Menschen können sich die horrenden Mieten nicht mehr leisten, denn sogar in Außenbezirken wie Queens sind diese – ähnlich wie in Berlin und anderen deutschen Großstädten – massiv gestiegen. Mieterschutz oder staatliche Zuschüsse gibt es im Unterschied zur Bundesrepublik nicht, also landen säumige Zahler schnell auf der Straße.

Der tägliche Blick auf die Armut bzw. mindestens ein Dutzend Obdachlose hat seine Wirkung. Nach ein paar Wochen stumpfen wir ab, wie die meisten Amerikaner machen wir einen Bogen um das Elend. Zusätzlich zu den Menschen auf der Straße leben derzeit 63 000 Menschen in städtischen Notunterkünften, darunter 23 000 Kinder (kirchliche und private Institutionen sind bei dieser Statistik nicht einbezogen). Im Winter fahren viele von ihnen Tag und Nacht U-Bahn, weil die Waggons beheizt sind.

Die New Yorker U-Bahn hat schon immer gerumpelt und gequietscht. Doch nach dem Hurrikan Sandy von 2012 hat der Verfall der Infrastruktur eine neue Dimension erreicht. Die Elektroinstallationen standen in zahlreichen Tunneln unter Wasser und wurden bis heute nicht repariert. Die Folge sind ständige Verspätungen. Alle Pendler, die ich kenne, und die Klassenkameraden meiner Kinder, die aus den Außenbezirken kommen, um bessere Schulen zu besuchen, müssen morgens eine halbe Stunde Zeitreserve einbauen, damit sie einigermaßen pünktlich da sind. Inzwischen beschweren sich bereits die Firmen über Arbeitszeitverluste und gestresst eintreffende Mitarbeiter.

Höhere Steuern zahlen wollen die Konzerne aber auch nicht. Amazon, das inzwischen allein in den USA mehr als 600 000 Angestellte hat, plante im Zuge der weiteren Expansion eine zweite Firmenzentrale. An dem Standortwettbewerb beteiligte sich auch New York; der demokratische Bürgermeister und der Gouverneur des Bundesstaates, beide gelten als wirtschaftsfreundlich, waren trotz der horrenden Gewinne des Unternehmens bereit, drei Milliarden Dollar Steuersubventionen auszugeben (Amazon ist bekannt dafür, Steuervorteile einzufordern und Standorte gegeneinander auszuspielen). Als sich dagegen Widerstand regte und die Anwohner aus Angst vor Verdrängung lokale Proteste organisierten, zog Amazon die Ansiedlungspläne sofort zurück, als wollte die Firma dem ganzen Land und den neuen Linken zeigen, was sie von Letzteren hält. Alexandria Ocasio-Cortez hat in der Nähe ihren Wahlkreis; die Republikaner nutzten das Zerwürfnis mit Amazon sofort, um die angebliche Wirtschaftsfeindlichkeit der Demokraten anzuprangern, anstatt das Kartellamt zu aktivieren. Wegen seiner Größe und Marktmacht im Internethandel sollte Amazon aufgeteilt werden wie Anfang der Achtziger die Telefongesellschaft AT&T (den Verbrauchern brachte das deutlich günstigere Preise – damals als Student hatte ich den Eindruck, dass der Markt und der Kapitalismus in den USA in vieler Hinsicht besser funktionieren als in Europa, jetzt ist es umgekehrt), aber die Regierung in Washington geht seit den späten Neunzigern kaum noch gegen Monopole und Oligopole vor.[13]

Microsoft ist mehr auf sein Image bedacht als Amazon und bot der Stadt Seattle (dem Firmensitz) 500 Millionen Dollar für ein Wohnbauprogramm an, denn dort nimmt die Obdachlosigkeit ebenfalls immer mehr zu. Die Offerte von Microsoft hatte allerdings zwei Haken: Erstens sollten die Gelder nur als Kredit bereitgestellt werden, zweitens wäre es lediglich ein einmaliges Programm und keine dauerhafte Steuereinnahme gewesen. Als der Stadtrat 2018 eine kommunale Einkommensabgabe für große Arbeitgeber verabschiedete (die Steuer sollte 275 Dollar im Jahr pro Angestellten betragen, umgerechnet nicht einmal zwanzig Euro im Monat), finanzierte ein Verbund von Großunternehmen eine 300 000 Dollar teure Negativkampagne. Amazon drohte gar mit einer Verlagerung seines Firmensitzes. Letztendlich nahm die Stadt die angekündigte Steuer zurück; Amazon versprach im Gegenzug höhere freiwillige Zahlungen an NGOs, die sich um Obdachlose kümmern. Dieses Resultat könnte man in dem Motto »Spende statt Steuer« zusammenfassen. Es demonstriert einmal mehr die Übermacht der Wirtschaft über die Politik und führt erneut in die neunziger Jahre zurück, propagierten Bill Clinton, Tony Blair und Gerhard Schröder damals doch, dass die Zivilgesellschaft die Aufgaben des vermeintlich überbordenden Staates übernehmen solle.

Die Probleme auf dem Wohnungsmarkt, deren Folgen man im Alltag auf Schritt und Tritt begegnet, belegen nebenbei das Scheitern der neoliberalen Chicago School. Milton Friedman wollte eine Nation der Eigentümer schaffen. Er war auch ein Gegner des sozialen Wohnungsbaus, weil dieser die Kräfte des Marktes verzerre und letztlich dazu führe, dass weniger Neubauten errichtet würden. Tatsächlich stieg die Zahl der Hausbesitzer in den USA seit der Präsidentschaft von Ronald Reagan um über zwanzig Millionen. Das war der Kern des American Dream, der unter Bill Clinton besonders gut funktionierte. Doch seit dem Platzen der Immobilienblase können sich vor allem junge Menschen und Familien kaum noch ein Eigenheim leisten, darum ist die Zahl der Mieter seit 2009 um etwa zehn Millionen gestiegen. Der Kauf von Immobilien ist in den Metropolen nur noch für Großverdiener möglich oder für Angehörige reicher Familien. Das heißt jedoch, dass die soziale Herkunft darüber entscheidet, wie weit man es bringt und wo man wohnt, was wiederum die Qualität der Schulen stark beeinflusst. Diese Missstände gibt es selbstverständlich auch in Deutschland und anderen westlichen Ländern, aber in den USA wiegen sie besonders schwer. Dort hat das Prinzip, dass sich individuelle

Leistung lohnen soll, seit je die Gesellschaft und die Wirtschaft angetrieben. Es ist die Grundlage eines Bündels von Mythen, angefangen beim American Dream über den Selfmademan bis zum Tellerwäscher, der zum Millionär aufsteigt.

Wie hätte sich Karl Polanyi zu diesen Problemen geäußert? Er nimmt in seinem Buch kaum Stellung zur Wohnungsnot und zur Obdachlosigkeit. Das überrascht, wenn man bedenkt, wie groß beide Probleme zu seinen Lebzeiten waren. In der Logik seiner Argumente läge die Antwort darin, dass man nicht alle menschlichen Grundbedürfnisse den Kräften des Marktes überlassen darf. Polanyi bezog sich dabei auf den Boden, den er als Teil der Natur betrachtete (dass die Natur in einer völlig freien Marktwirtschaft unter die Räder kommt, gehört zu seinen vorausschauenden Erkenntnissen). Er wies ferner nach, wie ein zu starkes Übergewicht des freien Marktes in der Vergangenheit zu gesellschaftlichen und politischen Gegenreaktionen führte. Genau das ist seit 2016 geschehen, nur dass nicht die Linke den Protest anführt, sondern die Rechtspopulisten ihn gekapert haben. Es hilft nicht, mit dem Finger auf Trump zu zeigen, die Linke, in den USA die Demokraten, müssen vor der eigenen Haustür kehren. Nur dann ist eine echte Wende möglich, ein neuer New Deal.

3. Der Preis der Einheit. Die Transformation der Bundesrepublik nach 1989

In den USA und im europäischen Ausland wird Deutschland seit einigen Jahren als wirtschaftliches Erfolgsmodell wahrgenommen. Die Arbeitslosigkeit ist so niedrig wie in keinem anderen EU-Land, der Bundeshaushalt und die Sozialversicherungen verzeichnen Überschüsse, auch die Nettoeinkommen der Bundesbürger haben sich seit 2014 kräftig erhöht. Doch wie schnell Aufschwung und Niedergang einander ablösen können, zeigt der Rückblick auf die späten neunziger Jahre. Damals bezeichnete der *Economist* Deutschland als »den kranken Mann des Euro«, die Bundesrepublik schien in einem Teufelskreis aus geringem Wachstum, steigender Arbeitslosigkeit und Staatsschulden gefangen.[1]

In Berlin, wo ich damals lebte, war die wirtschaftliche Lage besonders mies. Das konnte man im Alltag daran erkennen, dass der Berufsverkehr auf den Straßen eher weniger wurde (ein Zustand, von dem die meisten Berliner heute träumen), dagegen die neu errichteten Einkaufszentren immer voller. Allerdings in meinem Wohnviertel an der früheren Mauergrenze nicht mit Konsumenten, sondern Arbeitslosen, die sonst nichts zu tun hatten. Der Gegensatz zwischen der bunten Warenwelt und den Menschen, die sich nichts davon leisten konnten, zwischen Überfluss und Mangel war bedrückend.

Die damalige Krise war tief, bekam aber keinen eigenen Beinamen wie die Kosovokrise oder später die Eurokrise und die »Flüchtlingskrise«. Es wäre treffend, sie als *Einheitskrise* zu bezeichnen, denn sie hing unmittelbar damit zusammen, wie die deutsche Einheit vollzogen wurde. Dreißig Jahre nach dem Mauerfall scheint es an der Zeit, die wirtschaftspolitischen Entscheidungen des Jahres 1990 kritisch zu diskutieren. Das war in der Bundesrepublik lange Zeit schwer möglich, weil die Politik nach der Einheit reflexhaft der untergegangenen DDR die Schuld an den Problemen gab und Kritiker gern als Miesmacher oder Sympathisanten der PDS abqualifiziert wurden. Die Wahlerfolge der AfD in den ostdeutschen Ländern und der Abgang der 1990 bestimmenden Akteure aus der Politik (nur der damalige Innenminister Wolfgang Schäuble besitzt als Bundestagspräsident noch Einfluss) haben jedoch neue Spielräume für eine Debatte über die Fehler bei der Transformation Deutschlands und speziell der Privatisierung eröffnet. Die Wissenschaft hat auch dazu beigetragen, allerdings weniger die großen zeithistorischen Institute, die sich mit der Geschichte der ehemaligen DDR befassen, sondern vor allem das Buch eines einzelnen Geschichtswissenschaftlers. Marcus Böick von der Ruhr-Universität Bochum hat 2018 eine bahnbrechende Studie über die Treuhand publiziert, die die Erwartungen, Spielräume und Fehlentscheidungen der deutschen Privatisierungsbehörde minutiös untersucht (inzwischen hat ein Großprojekt des Instituts für Zeitgeschichte begonnen, das weiteren Erkenntnisgewinn verspricht).[2] Das Sagen bei der Treuhand hatten Westdeutsche, ein weiterer Grund, die Probleme bei der Transformation nicht dem Osten oder gar den Ostdeutschen zuzuschreiben.

Aufarbeitung

Eine Aufarbeitung der gesamtdeutschen Wirtschafts- und Sozialgeschichte erscheint nicht zuletzt deshalb ratsam, weil sich so neue Ideen dafür sammeln lassen, wie der zum Erliegen gekommene Aufholprozess zwischen Ost und West wieder an Fahrt gewinnen und die ostdeutschen Bundesländer eines Tages auf eigenen Füßen stehen könnten. Das ist nach wie vor nicht der Fall, sie sind immer noch von Transferzahlungen aus dem Westen abhängig (die gemischte Wirkung dieser Gelder wird gegen Ende des Essays behandelt). Spricht man von Fehlern der Vergangenheit, heißt das nicht, dass man heute alles besser weiß. Oft handelten die Akteure unter starkem Zeitdruck, weil es für die Vereinigung Deutschlands in der Tat nur ein begrenztes Zeitfenster gab (spätestens mit dem Putsch gegen Gorbatschow im August 1991 hätte es sich möglicherweise wieder geschlossen), weil die Flucht aus der DDR in den ersten großen Ost-West-Exodus in Europa nach dem Mauerfall einmündete und weil die Politik sich selten ausschließlich nach einem wirtschaftlichen Kalkül richtet.

Die Wirtschaftsreformen in den fünf »neuen Ländern«, wie man sie 1990 ein wenig paternalistisch nannte, zielten auf eine rasche Angleichung an den Westen. Der Ausgang des Kalten Krieges wurde nicht nur in der Bundesrepublik, sondern im gesamten Westen als Bestätigung des eigenen Systems verstanden. »Der Sozialismus hat verloren, der Kapitalismus hat gewonnen«, schrieb der bekannte und ursprünglich marxistisch orientierte Ökonom Robert Heilbroner Anfang 1989 im Magazin *The New Yorker*.[3] Bald darauf verabschiedeten der Internationale Währungsfonds (IWF), die Weltbank und das US-Finanzministerium den im ersten Essay erwähnten Washington Consensus. Im Sommer veröffentlichte Francis Fukuyama seine berühmte These, dass die Geschichte nur noch in liberalen Demokratien und freien Marktwirtschaften enden könne.

Ganz so laut war der Triumphalismus nach dem Ende des Kalten Krieges in Westdeutschland nie, wohl auch deshalb, weil sich alle Beteiligten bewusst waren, wie groß die Aufgabe war, die ehemalige DDR auf ein westliches Wohlstandsniveau zu heben. Dass dies in absehbarer Zeit gelingen würde, war freilich die Mehrheitsmeinung. Gemäß der »Konvergenzthese« gingen auch etliche Experten und Sozialwissenschaftler davon aus, dass der Osten rasch zum Westen aufschließen werde. Nun waren der deutsche Finanzminister Theo Waigel und der Architekt der Einheitsverträge, Wolfgang Schäuble, keine Neocons, sondern eher Konservative vom alten Schlag. Sie waren vom Ordoliberalismus und der christlichen Soziallehre geprägt und standen zum Modell der sozialen Marktwirtschaft. Doch abgesehen von der sozialen Abfederung, einer stärkeren staatlichen Regulierung und dem System der kollektiven Tarifverträge, deckten sich die Reformkonzepte für die ehemalige DDR doch recht weitgehend mit denen für andere postkommunistische Staaten.

Radikale Wirtschaftsreformen lassen sich am leichtesten durchsetzen, wenn die jeweiligen Ökonomien vor dem Zusammenbruch stehen. Das war im letzten Jahr der DDR zweifelsohne der Fall. Der Wechselkurs der Ostmark zur D-Mark sank im Herbst 1989 auf 7:1 und im Winter noch tiefer. Aufgrund des Verfalls der Ostmark waren die hohen Auslandsschulden der DDR nicht mehr bezahlbar, der Import von Erdöl, Gas, Kaffee und anderen gewohnten Konsumgütern ebenso wenig. Die DDR stand faktisch vor dem Staatsbankrott, was die Insider in der SED und die Experten in der Regierung unter Ministerpräsident Hans Modrow wussten. Auch die massiven Umweltschäden und der marode Zustand der Altbauquartiere zeugten davon, dass die DDR ökonomisch am Ende war. Das führte zu den Rufen nach einer zügigen Vereinigung bzw. dem Slogan »Wir sind ein Volk«, den manche Westdeutsche nicht so gern hörten, weil sie sich an die Zweistaatenlösung gewöhnt hatten und antinationalistisch eingestellt waren.

Die Asymmetrie der Macht zwischen West und Ost war jedem Fernsehzuschauer bewusst, der den riesigen, massigen Helmut Kohl neben dem zierlichen, zerbrechlichen Lothar de Maizière sah, der nach den Volkskammerwahlen vom März 1990 als letzter Ministerpräsident der DDR die Verträge zur deutschen Einheit aushandeln musste. Die Wiedervereinigung wurde dabei nicht nach dem dafür eigentlich vorgesehenen Artikel 146 des Grundgesetzes, sondern nach Artikel 23 als »Beitritt« der fünf »neuen Länder« vollzogen. Es handelte sich somit um eine Erweiterung Westdeutschlands und nicht um eine Vereinigung zweier gleichberechtigter Staaten.

Im Verfall der Ostmark spiegelten sich die wirtschaftlichen Probleme der DDR und die schlechten Erwartungen bezüglich ihrer Zukunft wider. Die Abwertung war jedoch schon seit Langem in Gang. Während die DDR in den achtziger Jahren offiziell und beim Zwangsumtausch für Westdeutsche auf der Parität der Ostmark beharrte, halbierte die Außenhandelsbank der DDR den internen Verrechnungskurs zur D-Mark in dieser Dekade. 1988 betrug der strikt geheim gehaltene Kurs nur noch 4,40 Ostmark für eine D-Mark, weil die DDR ihre Waren lediglich zu diesem billigen Umtauschkurs absetzen konnte.

Illegale Geldwechsler bezahlten in den Hinterhöfen von Ostberlin oder Leipzig den ungefähr gleichen Kurs. Die DDR-Bürger, die die D-Mark längst als Ersatzwährung benutzten, wussten das ebenso wie Touristen, die keine Angst vor einer Verhaftung wegen Devisenvergehen hatten. Der Schwarzmarkt bildete die ökonomischen Verhältnisse weit besser ab als die offiziellen Wechselkurse. Der Verfall der Ostmark nach der Öffnung der Mauer bedeutete, dass die ohnehin niedrigen Gehälter und Löhne in der DDR weiter entwertet wurden. Ähnlich wie in Polen oder der Tschechoslowakei konnte schon eine Tankfüllung Benzin oder eine kaputte Waschmaschine die Haushaltskasse einer Familie aus dem Lot bringen. Auch dieser wirtschaftliche Absturz und die allgemeine Verunsicherung erklären, warum der Ruf »Wir sind ein Volk« im Herbst und Winter 1989/90 immer lauter wurde.

Im Frühjahr 1990 kursierte bereits ein anderer Slogan: »Kommt die D-Mark, bleiben wir, kommt sie nicht, gehn wir zu ihr!« Der letzte Halbsatz bezog sich auf die drohende Massenauswanderung wegen der wirtschaftlichen Misere der DDR. Im ostdeutschen Wahlkampf von 1990 bot die CDU einen naheliegenden Ausweg an: eine schnelle Wiedervereinigung und auf dem Weg dorthin die Wirtschafts- und Währungsunion. Die CDU hielt dieses Wahlversprechen, schon am 1. Juli 1990 war die Wohlstandsikone D-Mark auch im Osten das offizielle Zahlungsmittel. In Berlin, Leipzig und anderen Städten wurde das mit Freudenfesten gefeiert. Doch wie kam es angesichts der rapiden Abwertung der Ostmark nach dem Mauerfall zum Wechselkurs von 1:1?

Die Bundesbank warnte vor dem ökonomischen Risiko einer zu starken Aufwertung und trat für einen Kurs von 2:1 ein (der dann für Sparguthaben ab 4000 Mark tatsächlich eingeführt wurde). Vertreter der DDR-Staatsbank argumentierten sogar für einen Kurs von 7:1, weil das der wirtschaftlichen Leistungskraft entsprochen und der ostdeutschen Wirtschaft ermöglicht hätte, mit der westdeutschen Industrie zu konkurrieren.[4] Aber letztlich fällte die Bundesregierung eine politische Entscheidung. Die drohende Massenabwanderung von Ost nach West war das immer wieder bemühte Argument, das die Situation in Deutschland in der Tat von allen anderen postkommunistischen Staaten unterschied.

Wegen des nationalen Überschwangs und der traditionellen Orientierung der bundesdeutschen Eliten nach Westen wurde in den internen und öffentlichen Debatten übersehen, was in unmittelbarer Nachbarschaft Ost- und Westdeutschlands geschah. Die Währung der Tschechoslowakei, neben der DDR der wohlhabendste Ostblockstaat, sank im Winter 1989/90 ebenfalls drastisch. Der Kurs fiel auf den dreifach niedrigeren Schwarzmarktwert, das waren etwa fünfzehn Kronen für eine D-Mark. Im Unterschied zur Bundesregierung nahm die tschechoslowakische Regierung diese Abwertung hin. Der Finanzminister Václav Klaus wollte ähnlich wie seine Kollegen in Polen und Ungarn mit einer verbilligten nationalen Währung den Export ankurbeln, die Lohnkosten niedrig halten, auf diese Weise die sozialistischen Großbetriebe retten und die Arbeitslosigkeit begrenzen. Diese Strategie funktionierte bis 1996 recht gut, als die Vergabe fauler Kredite und die Korruption bei der Privatisierung zur tschechischen Bankenkrise führten.

Während die Abwertung die Exporte der Tschechoslowakei etwa um den Faktor drei verbilligte – sofern man den offiziellen Wechselkurs als Ausgangspunkt nimmt –, bedeutete die Währungsunion für die ostdeutsche Wirtschaft eine vierfache Verteuerung ihrer Ausfuhren gegenüber 1988. Damit war vorherbestimmt, dass ostdeutsche Produkte – man könnte symbolisch einen Pkw der Marke Wartburg herausgreifen – niemals mit einem Škoda oder anderen tschechischen Waren konkurrieren konnten und sich Produktionsverlagerungen in der Industrie in der Regel über Ostdeutschland hinweg ereignen würden (davon hat vor allem Tschechien profitiert, es ist heute der EU-Mitgliedsstaat mit dem höchsten Anteil der Industrieproduktion am BIP und schließt damit an seine historische Rolle als industrielles Zentrum des Habsburgerreiches an).

Auf die Währungsunion folgte ein zweiter Schock für die ostdeutsche Wirtschaft: die rasche Liberalisierung des Außenhandels. Durch den Beitritt der fünf neuen Länder zur Bundesrepublik und zugleich zur EG fielen – wie im Washington Consensus prinzipiell vorgesehen – sämtliche Handelsschranken nach Westeuropa. Diesem Konkurrenzdruck war die ostdeutsche Wirtschaft nicht gewachsen. Man konnte das anhand der Supermarktregale in der ehemaligen DDR erkennen, wo es bald kaum noch Ostprodukte gab, bis diese dann im Rahmen der zunehmenden »Ostalgie« eine Renaissance erlebten. Dass sich die Erinnerung an die DDR so stark an Konsumprodukten festmachte, verrät ebenso viel über den »real existierenden Sozialismus« wie über das vereinigte Deutschland. Die westdeutschen Unternehmen freuten sich über den zusätzlichen Absatzmarkt mit seinen sechzehn Millionen Konsumenten. Das war in den ersten drei Jahren nach 1989 ein lukratives Zubrot und schützte die Bundesrepublik teilweise vor der Rezession, die 1991 in den USA und anderen westlichen Ländern ausbrach. Auch bei der großen Osterweiterung der EU von 2004 ging es nicht zuletzt um zusätzliche Absatzmärkte für westliche Unternehmen, mit teilweise ähnlichen Folgen wie 1990 in Ostdeutschland.

Eine dritte Besonderheit der deutschen Transformation war die radikale Privatisierung, bei der ein grundlegender Marktmechanismus außer Acht gelassen wurde. Zeitweilig unterstanden der Treuhand 12534 Unternehmen mit mehr als vier Millionen Beschäftigten. Allein bis Ende 1992, also in einem Zeitraum von nur zwei Jahren, wurden mehr als 10000 Betriebe verkauft.[5] Wenn derart viele Unternehmen auf den Markt geworfen werden, muss deren Preis drastisch sinken. Manche Betriebe konnten nur mit massiven staatlichen Beihilfen und Investitionszusagen veräußert werden. So kam es statt des erwarteten Gewinns von rund 600 Milliarden zu einem Treuhand-Verlust von 270 Milliarden, pro DDR-Bürger waren das mehr als 15 000 D-Mark.

Ende 1994 verkündete die Bundesregierung mit Stolz die Auflösung der Treuhand, weil die Privatisierung nunmehr abgeschlossen sei. Doch bei den meisten privatisierten Unternehmen wurde die Produktion einfach eingestellt. Wie Marcus Böick errechnet hat, blieb in den von der Treuhand verkauften Betrieben nur jeder vierte Arbeitsplatz erhalten. Diesen Strukturbruch haben vor allem Städte mittlerer Größe, deren Wohlstand von wenigen großen Fabriken abhing, bis heute nicht verkraftet. Außerdem war es ein Bruch im Leben von Millionen von Menschen, die arbeitslos wurden, umschulen mussten, oft trotzdem keine dauerhafte Stelle mehr fanden und durch Frühverrentung aufs Altenteil geschoben wurden. Der deutsche Sozialstaat sorgte zwar dafür, dass die »Transformationsverlierer« finanziell halbwegs über die Runden kamen und deutlich bessergestellt waren als die Polen, Tschechen und Slowaken, die ohne Hilfe des »großen Bruders aus dem Westen« auskommen mussten, doch die arbeitslosen Ostdeutschen verglichen sich entweder mit den reicheren Westdeutschen oder mit ihrem Leben vor 1989.

Diese kritischen Anmerkungen zur deutschen Schocktherapie – die im Unterschied zu Polen nie als solche benannt wurde – legen die Frage nahe, ob es Alternativen dazu gegeben hätte. In den frühen neunziger Jahren wurde das selbstverständlich ausgeschlossen, damals wurden die Reformen in der Regel als »alternativlos« bezeichnet. Ein realistischer Umrechnungskurs bei der Währungsunion hätte zahlreiche ostdeutsche Wähler enttäuscht und ein noch größeres Gefälle bei den Löhnen, Gehältern und Renten erzeugt.

Wären in diesem Fall tatsächlich noch mehr Menschen aus

Ost- nach Westdeutschland abgewandert, wie damals befürchtet wurde? Diese Frage lässt sich ex post nicht mehr beantworten. So oder so zogen trotz der sozialen Abfederung der Reformen und der Transferzahlungen in den Osten im Verlauf der neunziger Jahre mehr als zwei Millionen Menschen aus Ost- nach Westdeutschland.[6] Insofern wurde das weiter gesteckte Ziel der Währungsunion, die Menschen in Ostdeutschland zu halten, nicht erreicht. Ein weiteres beliebtes Zielland war Österreich, dort wurden die Deutschen nach den ehemaligen Jugoslawen zur zweitgrößten Einwanderergruppe. Davon hat Österreich wirtschaftlich zweifelsohne profitiert.

Die Rückwirkungen auf die Herkunftsregionen und Gesellschaften waren dagegen eher negativ.[7] Dort fehlen die vielen Menschen, die weggezogen sind, nicht zuletzt in politischer Hinsicht. Man darf davon ausgehen, dass die Bundestagswahl von 2017 in Sachsen, als die AfD in diesem Bundesland stärkste Partei wurde, anders ausgegangen wäre, würden dort noch all die Menschen leben, die nach 1989 in die alte Bundesrepublik und in andere europäische Länder abgewandert sind. Die ostdeutschen Arbeitsmigranten waren überwiegend jung oder mittleren Alters, und es waren selbstverständlich die agileren Teile der Bevölkerung, die ihre Heimat auf der Suche nach besser bezahlter Arbeit verließen. Während meiner Tätigkeit an der Universität in Frankfurt an der Oder waren die Folgen in den Statistiken ebenso wie im Alltag erkennbar: Die ostdeutsche Grenzstadt hatte nach der Jahrtausendwende nur noch gut 60000 Einwohner statt 90000 wie vor 1989, sobald die Pendler wieder die Züge nach Berlin genommen hatten, wirkte die Stadt wie ausgestorben, in den Vororten wurden wegen des Leerstands Plattenbauten abgerissen.

In Polen war die Emigration im Verhältnis zur Gesamtbevölkerung weniger einschneidend, aber auch von dort zogen nach dem EU-Beitritt gut zwei Millionen Menschen nach Westeuropa (zunächst vor allem in die Länder, die sofort nach der EU-Erweiterung ihre Arbeitsmärkte öffneten, das waren England, Irland und Schweden). Die große Krise von 2009 löste einen dritten Exodus aus Osteuropa aus, besonders stark betroffen waren nunmehr Rumänien, Bulgarien, Litauen und Lettland. Innerhalb weniger Jahre verloren diese osteuropäischen Länder bis zu zehn Prozent ihrer Einwohner.

Mit Blick auf Polanyi muss man feststellen, dass es wie zuvor in Ostdeutschland zu einer massenhaften Migration kam statt zu einem »double movement«, etwa in Gestalt von längeren Streiks oder Protesten gegen die Austeritätspolitik. Die Bevölkerung, die in den Abwanderungsgebieten zurückblieb, ist im Durchschnitt älter, konservativer und stärker von Sozialleistungen abhängig. Ähnlich wie in Ostdeutschland liegen dort die Hochburgen der Rechtspopulisten. Es wäre allerdings zu simpel, den Siegeszug der AfD in Ostdeutschland bis zur Bundestagswahl von 2017 allein den »Transformationsverlierern« zuzuschreiben. Wie Philip Manow in seiner vergleichenden Studie über den Populismus nachgewiesen hat, haben auch viele Angehörige der Mittelklasse, insbesondere in Sachsen, AfD gewählt.[8] Seiner Interpretation zufolge ist es die Erinnerung an vergangene Arbeitslosigkeit und die damit verbundene existenzielle Verunsicherung, die Menschen empfänglich für die multiplen Schutzversprechen von Rechtsnationalisten macht. Ein anderer, wenig diskutierter Grund ist offenbar die schwächere Bindungskraft durch die Linke und die Partei dieses Namens, die früher (noch als PDS) dem sozialen Protest Ausdruck verliehen hat.

Bei der Privatisierung gab es, wenn man über die Bundesrepublik hinausblickt, ebenfalls Alternativen zum deutschen

Sonderweg. So führten zum Beispiel Polen und Tschechien große Unternehmen von strategischer Bedeutung unter staatlicher Regie weiter und verkauften sie erst Ende der neunziger Jahre oder noch später. Dies bedeutete nicht, dass die Unternehmen weiter Verluste machten wie vor 1989, denn sie mussten profitorientiert wirtschaften. In einigen Fällen gelang dies recht gut, wie zum Beispiel bis zur Jahrtausendwende den polnischen Werften, die dem deutschen Schiffbau stark zusetzten. Im Zug der großen Krise von 2009 gingen die Werften in Stettin und Gdynia dann aber bankrott, weil die EU staatliche Beihilfen verbot. Das führt heute in Polen zu allen möglichen Verschwörungstheorien, von denen die regierende PiS profitiert und die sie auch verbreitet. Ein Vorteil der deutschen Privatisierung war, dass sie aufgrund des raschen Systemtransfers von der Bundesrepublik auf die ehemalige DDR unter rechtsstaatlichen Bedingungen erfolgte. Das schützte zwar nicht vor den horrenden Verlusten, aber es beschränkte immerhin die Korruption.

Auch die Konkurrenz aus Ostasien trug zur Pleite der polnischen Werftindustrie bei. In China fördert der Staat Schlüsselindustrien wie den Schiffbau und insgesamt die Schwerindustrie. Dagegen wurden neue Branchen wie zum Beispiel die Elektronikindustrie zum Großteil privaten Unternehmern überlassen. Dieses Nebeneinander von staatlichen und privaten Sektoren wäre so in Deutschland oder der EU nicht möglich gewesen, außerdem beruhte der Fortbestand der großen Kombinate auf den bis in die jüngste Zeit sehr niedrigen chinesischen Löhnen. Zu diesen Konditionen hätten polnische oder mecklenburgische Facharbeiter auf die Dauer keine Schiffsrümpfe geschweißt.

Zudem wollten die alten EU-Staaten eine zu starke osteuropäische Konkurrenz verhindern. Die Wettbewerbshüter der EU-Kommission unterbanden staatliche Beihilfen, obwohl es im Fall der Werften vielleicht klüger gewesen wäre, statt an die innereuropäische an die außereuropäische Konkurrenz zu denken. Doch eine europäische Industriepolitik hat sich – abgesehen von Ausnahmen wie Airbus – bislang kaum ergeben, weil ihr meist die nationalen Interessen der einzelnen Mitgliedsstaaten im Wege stehen. Jüngst war es freilich die EU-Kommission, welche die geplante Fusion der Zugsparten von Alstom und Siemens untersagte. Man kann angesichts dieser unterschiedlichen Pfade jedenfalls nicht sagen, dass es nach 1989 keine Alternativen zu den neoliberalen Wirtschaftsreformen gegeben hätte. Ein weiterer Grund, warum das chinesische Mischsystem kein Modell sein konnte, waren die politischen Implikationen. Der Fortbestand der staatlichen Industrie hätte den Machterhalt der alten Kader befördert. Das wollte in Ostmitteleuropa eine Mehrheit der Bevölkerung nicht, in der ehemaligen DDR erst recht nicht, ungeachtet der zeitweiligen Wahlerfolge der PDS.

Am ehesten »alternativlos« war die Liberalisierung des Außenhandels bzw. die Öffnung des ostdeutschen Marktes. Eine Verzögerung hätte sich wohl nur im Rahmen eines eigenen Zollgebiets, anderer Einfuhrbeschränkungen oder einer Sonderwirtschaftszone umsetzen lassen. So verfuhren China und Vietnam in mehreren Regionen, in der EU wäre das jedoch schwer durchsetzbar gewesen. Außerdem hätte eine Sonderwirtschaftszone in Ostdeutschland oder zumindest in Teilen davon (zum Beispiel in der besonders von der Krise gebeutelten Lausitz oder im Dreiländereck rund um Görlitz) eine härtere ökonomische Konkurrenz für die alten Bundesländer mit sich gebracht. Daran bestand ebenfalls kein Interesse.

Die schnelle Öffnung des ostdeutschen Markts brachte ausgerechnet jene gesellschaftliche Gruppe in Bedrängnis, die am ehesten einen Aufschwung von unten hätte erzeugen können. Es gab in der DDR im Unterschied zur ČSSR kleine Nischen für Selbstständige, zum Beispiel im Einzelhandel, im Handwerk und in Dienstleistungsberufen (der erste DDR-Bürger, der nach der Öffnung des Eisernen Vorhangs an der ungarisch-österreichischen Grenze im August 1989 mit seinem Pkw und seiner Familie nach Passau brauste, war ein Friseur). Zu den alten Selbstständigen kamen neue Kleinunternehmer hinzu, teils aufgrund der rasch steigenden Arbeitslosigkeit, teils weil sie die Chancen nutzen wollten, die sich durch die Öffnung der Wirtschaft boten. Es wäre verkürzt, den Neoliberalismus ausschließlich als Ideologie oder als Oktroi zu verstehen, er beruhte auch auf der Partizipation bestimmter Bevölkerungssegmente.

Doch auch jene DDR-Bürger, die den Sprung in die Selbstständigkeit wagten, schnitten im Vergleich zu anderen Berufsgruppen und zu neuen Unternehmern in Polen und der Tschechoslowakei schlecht ab. Die Selbstständigen erlebten relativ häufig einen sozialen Abstieg und im ungünstigsten Fall den Bankrott ihrer Betriebe.[9] Oft lag das an mangelnden Kapitalreserven und Vermögen, um schwere Zeiten wie nach der Rezession von 1993 und dann erneut nach der Jahrtausendwende zu überstehen.

Die ostdeutsche Berufsgruppe, die am wenigsten Einbußen hinnehmen musste, waren die Staatsdiener – sofern sie nicht wegen einer Stasi- oder SED-Vergangenheit ihren Posten verloren. Aufgrund der Währungsunion und der Ausweitung des Tarifsystems auf die fünf neuen Bundesländer bekamen die ostdeutschen Beamten einen spürbaren Gehaltszuwachs. Das galt erst recht für die vielen Westdeutschen, die mit »Buschzulagen« in den Osten geschickt wurden. Von ihnen abgesehen hatte die Bundesregierung offenbar wenig Visionen, welche gesellschaftlichen Schichten und Eliten Ostdeutschland voranbringen sollten.

Das war schon deshalb schwierig, weil dies zu einer differenzierteren Betrachtung der ostdeutschen Gesellschaft gezwungen hätte und vielleicht zu einem teilweisen Entgegenkommen an die mittlere Führungsschicht in der Wirtschaft. Eine Reminiszenz an meine eigene Tätigkeit für einen ostdeutschen Betrieb, die Universität in Frankfurt an der Oder, mag hier als Indiz dienen: Dort war nach dem Kanzler (so heißen die Verwaltungschefs an den meisten deutschen Universitäten, manche von ihnen treten entsprechend auf) der Finanzdezernent der zweite Mann in der administrativen Hierarchie. Der Kanzler war selbstverständlich aus Westdeutschland, in diesem Fall aus Westberlin, importiert und erzählte gern von seinem Wohnmobil. Dagegen nutzte der Finanzdezernent, der ehemalige Leiter des Chemiefaserkombinats in Guben, jede Möglichkeit, im Rahmen deutsch-polnischer Kooperationen EU-Gelder aufzutreiben, brachte ein großes Neubauprogramm für die Universität in Gang und war insgesamt ein Hansdampf in allen Gassen. Hätte ihm die DDR entsprechenden Freiraum gelassen, wäre er bestimmt auch dort ein erfolgreicher Unternehmer geworden (wie zum Beispiel die 80 000 Polonia-Unternehmer, welche in der Volksrepublik Polen in den achtziger Jahren zugelassen wurden). Doch in der Universität wurde auf höchster Ebene immer wieder über seine SED-Mitgliedschaft getuschelt. Schließlich brachte die Missachtung einer Vorschrift zur Abführung von Studienanmeldegebühren an den defizitären Landeshaushalt den tüchtigen Finanzdezernenten zu Fall. Statt der Anerkennung für seinen Unternehmersinn musste er ein Ermittlungsverfahren wegen Untreue durchstehen (das bald eingestellt wurde, weil er selbstverständlich nur die Universität bereichern wollte, nicht sich selbst).

Ein anderer Aspekt seines Lebens, den niemand je hervorhob oder anerkannte, war die Tatsache, dass er umgeschult hatte, um die Verwaltungsstelle an der Universität zu übernehmen. Unter den mittleren und einfachen Verwaltungsangestellten gab es ehemalige Physiker, Mathematiker, Linguistinnen und Übersetzerinnen, die sich alle an die neuen Lebensumstände und den schlechten ostdeutschen Arbeitsmarkt angepasst hatten. Ich erwähne dies unter anderem deshalb, weil die soziale Anerkennung zu jenen Begriffen gehört, die Karl Polanyi entwickelt und angewendet hat. An ihr mangelte es offensichtlich, stattdessen mussten sich die Ostdeutschen in den ebenfalls westdeutsch dominierten Medien vorhalten lassen, sie jammerten ständig herum (der Verleger der regionalen Tageszeitung in Frankfurt war damals Alexander Gauland, wohin sich der Konservative auf seine alten Tage politisch entwickeln würde, entzieht sich jeglicher soziologischen oder polanyischen Erklärung). 2003 kanzelte der Altkanzler Helmut Schmidt die Ostdeutschen in einem Interview für ihre ständigen Klagen ab, die er wortwörtlich »zum Kotzen« fand.[10]

Der Preis für diese Mischung aus fehlenden gesellschaftlichen Visionen, nationaler Selbstbezogenheit und der spezifisch deutschen Schocktherapie war ein präzedenzloser wirtschaftlicher Einbruch. Die ostdeutsche Industrieproduktion sank bis Mitte der neunziger Jahre auf 27 Prozent des Niveaus von 1988. Kein anderes postkommunistisches Land, nicht einmal das im Krieg befindliche ehemalige Jugoslawien, erlebte einen derart drastischen Rückgang. Infolgedessen verließen allein bis 1994 1,4 Millionen Ostdeutsche ihre Heimat. Diese Zahl entsprach ziemlich genau den in der Tschechoslowakei neu gegründeten Unternehmen – die ČSSR hatte fast so viele Einwohner wie die DDR, insofern ist sie recht gut vergleichbar. Auch in Polen und Ungarn wagten sehr viele Menschen den Sprung in die Selbstständigkeit (nicht alle von ihnen völlig freiwillig, manche, um der Arbeitslosigkeit zu entkommen), insgesamt wurden in den drei bzw. ab

1993 vier Visegrád-Staaten in den ersten fünf Jahren nach 1989 etwa vier Millionen Firmen gegründet.[11] Diese Gründerzeit fiel in der DDR schwächer aus.

Der Absturz der ostdeutschen Wirtschaft überforderte den Bundeshaushalt und vor allem die Sozialversicherungen, die für die Millionen Arbeitslosen direkt oder indirekt einstehen mussten. So wurden die Kosten für die Frühverrentungen der Rentenkasse aufgebürdet, die Krankenkassen leisteten ebenfalls hohe Transferzahlungen. Die Pazifizierung der ostdeutschen Transformationsverlierer durch Sozialleistungen war jedoch auf die Dauer nicht finanzierbar.[12] Die Sozialbeiträge, die Steuern und Staatsschulden stiegen in den neunziger Jahren immer weiter, was zulasten des Wachstums in der gesamten Bundesrepublik ging. Das vereinigte Deutschland hatte sich in eine Sackgasse manövriert, Bundeskanzler Kohl musste sich einen »Reformstau« vorwerfen lassen und wurde nach sechzehn Jahren Amtszeit abgewählt. Der selbst ernannte »Reformkanzler« Gerhard Schröder gewann die Wahlen von 1998, wartete jedoch in den ersten beiden Jahren seiner Amtszeit erst einmal ab, da die weltweite Hochjunktur auch die Bundesrepublik nach oben zog und der SPD-Vorsitzende sich nicht sicher war, welche politischen Risiken tiefgreifende Reformen mit sich bringen würden.

Daher setzte Schröder zunächst auf die alte, konsensorientierte Bundesrepublik und ihre korporatistischen Strukturen. Unmittelbar nach der Übernahme der Regierung berief der Bundeskanzler das »Bündnis für Arbeit« ein, in dessen Rahmen Arbeitgeberverbände und Gewerkschaften darüber verhandelten, wie die deutsche Industrie wettbewerbsfähiger gemacht und zugleich Arbeitsplätze erhalten werden könnten. Das war angesichts der eingangs erwähnten Systemkrise und der Produktionsverlagerungen nach Osteuropa und Ostasien eine dringende Aufgabe.[13] Das Bündnis für Arbeit hatte während seiner Existenz keine gute Presse und ist auch in der Zeitgeschichtsschreibung bislang wenig beachtet worden. Das liegt daran, dass die Gespräche nach drei Jahren im Sande verliefen und das Bündnis 2003 offiziell aufgelöst wurde. Doch die Arbeitgeberverbände und die Gewerkschaften erreichten einen Konsens, der sich bereits ab Mitte der neunziger Jahre abgezeichnet hatte und den man mit »Lohnzurückhaltung für Arbeitsplatzerhalt« zusammenfassen kann. Auf die Dauer wurde die deutsche Industrie durch die mäßigen Tarifabschlüsse wieder wettbewerbsfähiger und konnte die Exporte steigern. Dieser Kompromiss des korporatistischen Deutschlands dürfte ebenso zur späteren wirtschaftlichen Erholung beigetragen haben wie die einschneidenden Sozial- und Arbeitsmarktreformen, die von prominenten Ökonomen häufig aufgeführt werden, um den Aufschwung Deutschlands nach der Krise von 2009 zu erklären.

Ein Nachteil dieses Paktes zwischen den Arbeitgebern und den Gewerkschaften war, dass die bestenfalls stagnierenden Reallöhne sich negativ auf die Binnennachfrage auswirkten. Das schlug auf die allgemeine Stimmung zurück, insbesondere als 2001 nach dem Platzen der Dotcom-Blase und im Winter 2002 kurz hintereinander zwei Rezessionen begannen. Aufgrund der hohen Arbeitslosigkeit und der allgemeinen Perspektivlosigkeit griffen die Aggressionen um sich, zum Beispiel in öffentlichen Verkehrsmitteln, wo ich selbst in Berlin einmal Zeuge war, wie jemand grundlos zusammengeschlagen wurde,[14] und durch die steigende Präsenz von Neonazis. Außerdem nahmen die gegenseitigen Vorwürfe zwischen Ost- und Westdeutschen zu, denn irgendjemand musste schuld sein an der Misere.

Nachgeholte Reformen und Kotransformation

Die rot-grünen Sozial- und Arbeitsmarktreformen setzten nach der Jahrtausendwende auf diverse Maßnahmen, die andere postkommunistische Staaten im Laufe der neunziger Jahre durchgezogen hatten.[15] Dazu gehörten die Teilprivatisierung der Altersvorsorge und die Liberalisierung des Arbeitsmarkts, einige Zeit gab es in der Bundesrepublik auch eine lebhafte Diskussion über eine Flat Tax oder ein anderweitig stark vereinfachtes Steuersystem[16] (die Flat Tax wurde nach der Jahrtausendwende in allen postkommunistischen Staaten eingeführt, allerdings später infolge der Krise von 2009 in vielen Ländern wieder zurückgenommen) sowie eine pauschale Gesundheitsabgabe statt der einkommensabhängigen Krankenversicherung. Mit Blick auf das postkommunistische Europa kann man von einer Kotransformation sprechen, die von Ostdeutschland ausgehend die gesamte Bundesrepublik erfasste, wobei auch das Vorbild der britischen Sozialreformen unter Tony Blairs New Labour eine wichtige Rolle spielte. Die Sozialleistungen wurden beschnitten, wie schon 1990 sollte ein Bündel aus Liberalisierung, Deregulierung und Privatisierung nach einem kurzfristigen Schock einen langfristigen Aufschwung bringen. Ein Novum der rot-grünen Arbeitsmarkt- und Sozialreformen war, dass sie Westdeutsche genauso hart trafen wie Ostdeutsche, wenngleich Letztere wegen der hohen Dauerarbeitslosigkeit mehr unter den Einschnitten litten.

Die Reformen verursachten eine deutlich höhere soziale Ungleichheit, die in Deutschland von 1999 bis zur Finanz- und Wirtschaftskrise 2009 von einem ursprünglich fast skandinavischen Niveau auf das anderer postkommunistischer Länder wie Ungarn oder Polen zunahm. Gemäß dem Gini-Koeffizienten, dem international gebräuchlichen Messwert für die Ungleichheit von Einkommen, stieg diese von 1999 bis zur Krise im Jahr 2009 von 0,25 auf etwa 0,29.[17] Man kann diese Entwicklung nicht auf einen einzelnen Faktor wie Hartz IV zurückführen, doch dass die Sozial- und Arbeitsmarktreformen die Angst vor einem sozialen Abstieg erhöhten, ist unbestritten. So war es auch beabsichtigt; die Menschen sollten durch die Androhung von Armut dazu motiviert werden, schlechter bezahlte und weiter entfernt liegende Stellen anzunehmen. Diese *negative Mobilisierung*, die in den ärmeren Ländern Ostmitteleuropas noch eine ganz andere Tragweite hatte, mag zum »deutschen Jobwunder« beigetragen haben, sie führte aber zugleich zu einer Verunsicherung in breiten Gesellschaftsschichten.

Das Grundproblem liegt wie in der gesamten EU darin, dass die derzeitige Wirtschaftsordnung vor allem jenen Ländern, Regionen und sozialen Gruppen zugutekommt, die bereits gut aufgestellt sind. Dagegen fallen strukturschwache Gebiete wie Teile Ostdeutschlands, der Mezzogiorno und Regionen entlang der Ostgrenze der EU sowie gering qualifizierte Menschen zurück und haben schlechtere Zukunftsperspektiven. Man kann diese Divergenzen in deutschen Großstädten mit bloßem Auge erkennen, sie werden noch offensichtlicher, wenn man aus Städten wie Köln, Hamburg oder Leipzig rund fünfzig Kilometer weit aufs Land fährt.

Die Hartz-Reformen bedeuteten in mancher Hinsicht eine Umkehrung der Strategie des Jahres 1990. Während die Währungsunion eine rasche Angleichung an den Westen zum Ziel hatte, brachten Hartz IV und vor allem der Billiglohnsektor (der als Idee auf die Chicago School zurückgeht) eine Anpassung der Arbeitskosten an die damals in Polen und der Tschechischen Republik gängigen Löhne mit sich. Auch in dieser Hinsicht handelte es sich um eine Kotransformation der gesamten Bundesrepublik.

Die Hartz-Reformen änderten allerdings wenig an der Misere der fünf neuen Länder. Das lag unter anderem daran, dass die Aktivierung für den Arbeitsmarkt – die Arbeitslosen hießen jetzt Arbeitssuchende – in jenen Regionen, in den es schlicht keine Arbeit gab, wenig brachte. Dort blieb dem Staat kaum etwas anderes übrig, als die Arbeitslosen zu alimentieren, verfrüht in Rente zu schicken oder durch ABM-Maßnahmen zu beschäftigen. Das war weiterhin kostspielig; insgesamt summierten sich die Nettotransferleistungen in dem Vierteljahrhundert von 1989 bis 2014 auf 1,6 Billionen Euro (netto bedeutet in diesem Fall, dass die Rückflüsse von Ost nach West bzw. Zahlungen in den gesamtdeutschen Staatshaushalt, zum Beispiel durch Steuern ostdeutscher Bürger, berücksichtigt sind).[18] In den Spitzenjahren waren es bis zu hundert Milliarden Euro, die für die Modernisierung der Infrastruktur, Anfang der Neunziger für Privatisierungen und vor allem für Sozialleistungen ausgegeben wurden.

Trotz dieser Geldflüsse erwirtschafteten die neuen Bundesländer 25 Jahre nach der deutschen Einheit pro Kopf nur gut zwei Drittel des westdeutschen Bruttoinlandsprodukts.[19] Die Tschechische Republik, die ohne die Unterstützung eines »großen Bruders« im Westen auskommen musste, hat, gemessen am BIP, eine fast ebenso hohe Wirtschaftskraft erreicht. Zwar ist der Lebensstandard dort auf dem Land und in den alten Zentren der Schwer- und Bergbauindustrie niedriger als in Ostdeutschland, aber ohne derartige Transferzahlungen fällt es der Gesellschaft als Gesamtes vermutlich leichter, auf selbst erreichte Leistungen stolz zu sein.

Die Geschichte Deutschlands nach dem Fall der Mauer ermöglicht also kritische Fragen in verschiedene Richtungen, einerseits gegenüber den neoliberalen Reformrezepten der frühen neunziger Jahre und nach der Jahrtausendwende, andererseits gegenüber der Wirksamkeit staatlicher Hilfsprogramme. Unabhängig vom Resultat dieser Debatten kann man heute schon vorwegnehmen, dass die gegenwärtigen wirtschaftlichen und politischen Probleme Ostdeutschlands sich nicht mehr auf die DDR schieben lassen. Anlässlich der Jubiläen von Mauerfall und deutscher Einheit gibt es genügend Gelegenheiten, die langfristigen Folgen der massiven Verunsicherung aufgrund von Massenarbeitslosigkeit, massenhafter Ost-West-Migration und sozialer Einschnitte zu debattieren.

Diese Folgen zeigten sich nicht zuletzt 2015/16, als ein Teil der ostdeutschen Gesellschaft die Aufnahme von Flüchtlingen aus dem Nahen Osten ablehnte. Dabei spielten kulturelle Faktoren eine Rolle, ähnlich wie im benachbarten Tschechien und Polen die geringere Gewöhnung an Ausländer und speziell an Muslime. Es gibt aber auch einen Zusammenhang mit der Einheitskrise, den Hartz-Reformen und der generellen Verunsicherung durch die Transformation, die trotz einer inzwischen besseren Arbeitsmarktlage nachwirkt.

Die im Vergleich zur alten Bundesrepublik unterschiedlichen ökonomischen Ausgangsbedingungen sind auch ein Schlüssel, um zu verstehen, warum die Zuteilung von Sozialleistungen ein sensibles Thema ist. Viele Gegner der »Willkommenskultur« lehnten es ab, dass Flüchtlinge im Prinzip die gleichen Sozialleistungen wie Deutsche erhalten sollten. Sie verwiesen darauf, dass sie lange Zeit in die Sozialsysteme einbezahlt hätten (was auf früher Arbeitslose nur teilweise zutrifft), und fanden es ungerecht, dass nun Flüchtlinge, die nie Beiträge entrichtet haben, gleichbehandelt werden sollen (was in vielen Bereichen wie zum Beispiel bei den Renten keineswegs so ist). In der englischsprachigen Literatur wird das als »welfare chauvinism« diskutiert;[20] etwas neutraler und unter Bezug auf den englischen Sozialhistoriker E. P. Thompson könnte man von der »moral economy« der Sozialstaatsbürger sprechen. Möglicherweise spielen auch Ängste vor künftigen Kürzungen eine Rolle, die von den Rechtspopulisten ausgenutzt und gnadenlos gegen Flüchtlinge und Arbeitsmigranten in Stellung gebracht werden. In den neuen EU-Mitgliedsstaaten geht die Argumentation noch in eine andere Richtung, nämlich dass man den erst vor Kurzem erreichten Wohlstand nicht gefährden oder teilen möchte. Politisch ist es schwer, damit umzugehen, denn selbst stark gekürzte Sozialleistungen für Flüchtlinge (wie sie zum Beispiel von der österreichischen ÖVP-FPÖ-Regierung beschlossen wurden) stoßen beim harten Kern der rechten Wähler auf Ablehnung. Insofern erzeugt rechtspopulistische Politik wieder einmal nur schlechte Stimmung auf allen Seiten. Es ist jedoch wichtig zu erkennen, warum sie – zumindest in Teilen der Gesellschaft, im Osten wie im Westen und dort insbesondere dem Süden – populär werden konnte.

Um die Transformation Deutschlands auf dieser Ebene zu verstehen, ist es einmal mehr hilfreich, auf Polanyis *Great Transformation* zurückzugreifen. Er schreibt in einem der späteren Kapitel seines Opus magnum darüber, wie einmal erlebte soziale Entbehrungen nicht einfach vergessen sind, selbst wenn es den Menschen danach wieder besser geht. Es bleiben Narben und Ängste vor einem erneuten Abstieg zurück.[21] Für Historiker ist es nicht einfach, das zu überprüfen, denn durch Oral-History-Interviews könnte man primär herausfinden, wie die Menschen heute auf ihre damaligen Erfahrungen zurückblicken, während man die früher empfundenen Gefühle nur schwer rekonstruieren kann. Trotz dieser Einschränkungen sagen Interviews, vor allem wenn sie zeitnah geführt wurden, und andere Egodokumente viel über die Transformationszeit aus. Vielleicht kann man anlässlich des 30. Jubiläums des Mauerfalls einen ähnlichen Memoirenwettbewerb ausrufen wie den im ersten Essay angesprochenen des Warschauer Dokumentationszentrums Karta. Die Resultate sollte man dann vor allem in den alten Bundesländern vermitteln, einerseits um »den Osten« besser zu verstehen, andererseits um dem Gefühl der Missachtung entgegenzuwirken, das manche Wähler in Sachsen und anderswo das Kreuz bei einer Partei machen lässt, von der sie glauben, dass es »die Wessis« so richtig ärgert. Frei nach Polanyi ginge es dabei um soziale Anerkennung.

4. La Crisi. Der Abstieg Italiens als Menetekel Europas

Als in Italien in den achtziger und frühen neunziger Jahren die Regierungen fast so häufig wechselten wie die Jahreszeiten, verbreitete sich das Bonmot, eine schlechte Regierung könne einer guten Wirtschaft nichts anhaben. Dreißig Jahre später weiß man, dass diese Annahme ein Trugschluss war. Vor allem in diesen eineinhalb Jahrzehnten wurde ein Schuldenberg aufgebaut, der dann während der großen Krise von 2009 nochmals stark gewachsen ist. Sollte die Überschuldung Italien aus dem Euro zwingen, wäre das für die EU ein tieferer Einschnitt als der Brexit. Dabei handelt es sich jedoch in erster Linie um ein politisches und erst in zweiter um das fiskalische Problem, als das es meist verhandelt wird.

Italien ist ein Musterbeispiel dafür, wie populistische Politik ein Land in den Ruin treiben kann. Es belegt zugleich, dass all das, was seit 2016 als Krise der Demokratie und als Siegeszug der Rechtspopulisten diskutiert wird, bereits in den neunziger Jahren begann. Silvio Berlusconi, im Ausland häufig belächelt und in seiner Heimat höchst umstritten, war der heutigen Zeit gewissermaßen voraus. Er dominierte fast zwanzig Jahre lang die italienische Innenpolitik und war der erste Rechtspopulist, der an die Regierung eines entwickelten westlichen Industrielandes gelangte.

Als die Italiener Berlusconi 1994 zum ersten Mal zum Ministerpräsidenten wählten, war der Begriff des Rechtspopulismus in den Medien und den Sozialwissenschaften noch wenig verbreitet. Ganz allgemein muss man festhalten, dass es sich dabei unterschwellig um einen Abgrenzungsdiskurs handelt, der den Rechtspopulisten am Ende sogar dabei hilft, sich gegen »die da oben« zu positionieren, gegen die vermeintlich liberalen Eliten, zu denen auch nutzlose Universitätsprofessoren und seriöse Printjournalisten gerechnet werden.

Der Berlusconismo

Berlusconi erreichte seine Wahlsiege vor allem damit, dass er den Italienern das Blaue vom Himmel versprach und gute Stimmung verbreitete. Als ehemaliger Schlagersänger – damit verdiente Berlusconi sich als Student etwas dazu –, Gründer mehrerer Fernsehkanäle und Inhaber eines großen Medienkonzerns beherrschte er dieses Metier perfekt. Angesichts der mangelnden ideologischen Substanz spricht viel dafür, den Rechtspopulismus mit Berlusconi zunächst als *Form* der Politik zu verstehen, bei der es vor allem auf die Inszenierung und Kommunikation ankommt. Berlusconi besaß große Ausstrahlung als Redner, machte mit seinem Dauerlächeln und den maßgeschneiderten Anzügen stets bella figura. Wie erfolgreich er damit war, zeigt das Detail, dass sogar linke und liberale Medien und Zeithistoriker ihn als »Cavaliere« bezeichneten. Wörtlich übersetzt heißt das Ritter, der Spitzname spielte auf seine sorgsam inszenierte Männlichkeit an. Berlusconi schuf mit der Forza Italia eine Sammelbewegung und Partei, die ganz auf seine Person zugeschnitten war. All das entsprach dem Typus der charismatischen Herrschaft, über die Max Weber zu einem Zeitpunkt schrieb (1919), als der Liberalismus und die ökonomischen Grundlagen des Bürgertums stark geschwächt waren und in Italien der Faschismus sein Haupt erhob.

Die Forza Italia und Berlusconi standen eindeutig rechts der Mitte, 1994 setzte er mit dem italienischen Äquivalent der von der CDU/CSU inszenierten »Rote Socken«-Kampagnen auf einen strikt antikommunistischen Wahlkampf. Das war auf den ersten Blick paradox, denn die Kommunistische Partei Italiens (Partito Comunista Italiano, PCI) gab es zu diesem Zeitpunkt gar nicht mehr, und die Sozialistische Partei stand aufgrund eines riesigen Korruptionsskandals vor dem Zusammenbruch. Dennoch wirkte das Gedächtnis des Kalten Krieges nach, die Abgrenzung gegen »die Linken« funktionierte. Gleichwohl war Berlusconi kein Rechtsnationalist wie sein politischer Wiedergänger Matteo Salvini, der Chef der rechtsradikalen Lega. Berlusconi kritisierte hie und da die Brüsseler Bürokratie, spielte Konflikte mit der EU jedoch nicht hoch. Er versuchte, die Migration über das Mittelmeer einzuschränken, und schloss einen Pakt mit Gaddafi, den die Mitte-links-Regierung 2017 mit neuen libyschen Partnern wieder aufleben ließ. Aber auch das Thema Migration nutzte er nicht durchgängig zu Wahlkampfzwecken.

Das ist heute alles anders, insofern spricht viel dafür, den Rechtspopulismus spätestens ab dem Annus horribilis 2016 über seine ideologische Ausrichtung zu definieren. Diese dynamische Definition mit ihrem Übergang von formalen zu ideologischen Kriterien hat den Nachteil, dass sie nicht so eindeutig ist wie ein politikwissenschaftliches Modell, das auf einem festen Set an Merkmalen beruht. Doch sie entspricht der zeithistorischen Entwicklung des Rechtspopulismus, den ich während meiner Berufstätigkeit am Europäischen Hochschulinstitut in Florenz von 2007 bis 2010 ebenso aus nächster Nähe miterleben durfte wie die Karriere des jungen Sozialdemokraten Matteo Renzi, der 2009 zum Bürgermeister von Florenz aufstieg. Meinen italienischen Jahren waren viele Reisen vorausgegangen, denn wer in den Achtzigern in Süddeutschland aufwuchs, war selbstverständlich italophil. Die Außenwahrnehmung Italiens hat sich seitdem dramatisch verändert, nicht zuletzt aufgrund dieser manchmal etwas oberflächlichen und dann enttäuschten Italophilie.

Der Rechtspopulismus ist zuvorderst ein politisches Phänomen, doch man kann ihn besser verstehen, wenn man weiter in die Sozial- und Wirtschaftsgeschichte ausgreift. Das will ich in diesem Essay versuchen, denn Italien geht uns alle an in Europa, als Gründungsmitglied der EG (und zuvor der EWG), als Teil der Eurozone und wegen seines Niedergangs. Es ist ein warnendes Beispiel dafür, was geschehen kann, wenn Rechtspopulisten an die Macht gelangen. Berlusconi gewann trotz zahlreicher Rückschläge und unzähliger Skandale vier Parlamentswahlen, er regierte mehr als neun Jahre, länger als jeder andere italienische Politiker seit 1945.

Das wäre nicht möglich gewesen ohne die Schwäche der politischen Konkurrenz, der Sozialdemokraten, der Nachfolgeparteien des PCI und des linken, durch die christliche Soziallehre geprägten Flügels der Christdemokraten.[1] Diese drei Strömungen bilden den Kern des Partito Democratico (PD), der 2018 die Parlamentswahlen so jämmerlich verlor (wie zuvor bereits das Verfassungsreferendum von 2016). Auch hier weist die italienische Tragödie über den Stiefel hinaus. Die selbst verschuldete Niederlage von Matteo Renzi und des intern zerstrittenen PD markiert in Europa das Ende der reformorientierten Sozialdemokratie in der Tradition von Tony Blair und Gerhard Schröder. Mit dem Herbeischreiben eines Endes muss man freilich vorsichtig sein, denn wie bereits der junge Marx in seinem Essay *Der achtzehnte Brumaire des Louis Bonaparte* erkannte, kann Geschichte im Kreis verlaufen. (Allerdings ist im Falle Italiens Berlusconi die Farce und nicht Matteo Salvini, den man damit sträflich unterschätzen würde. Der Chef der rechtsradikalen Lega setzt in seiner Kommunikationsstrategie weniger auf das Fernsehen, sondern vor allem auf die sozialen Medien, twittert im Schnitt zehnmal am Tag und übertrifft damit sogar Donald Trump um mehr als die Hälfte.[2] Aufgrund dieser Fixierung auf die Medien und wegen seines Dauerwahlkampfs kam Salvini – wie früher Berlusconi – kaum noch dazu, seine Aufgaben in der Regierung wahrzunehmen. Laut einer Zählung der Zeitung *La Repubblica* verbrachte der italienische Innenminister von Januar 2019 bis zu den Europawahlen vom Mai gerade einmal 17 Tage an seinem eigentlichen Arbeitsplatz.[3])

Historiker haben sich bislang kaum mit Berlusconi als Vorläufer des heutigen Rechtspopulismus befasst, weil der zeitliche Abstand noch zu gering ist.[4] Mit Rückgriff auf Polanyis *The Great Transformation* lassen sich die Konturen und tieferen Ursachen der Tragödie Italiens besser erkennen (die aktuellen Bezüge in diesem Essay könnten bald überholt sein, der historische Teil nicht). Dabei muss man zwischen einer politischen, einer sozioökonomischen und einer fiskalischen Dimension unterscheiden.

Berlusconis politische Karriere hat ihren Ursprung im parteipolitischen und ideologischen Vakuum, das nach dem Mauerfall und dem Ende des Staatssozialismus nicht nur im ehemaligen Ostblock, sondern auch im westlichen Europa entstand. Der Ausschluss der Kommunisten von den Schaltstellen der Macht in Rom während des Kalten Krieges hatte die italienische Demokratie deformiert. Obwohl die meisten Regierungen maximal ein, zwei Jahre amtierten, kam es nie zu einem echten Regierungswechsel. Die Dauerherrschaft der Christdemokraten, ab 1979 in einer Koalition mit den Sozialisten, begünstigte eine allumfassende Korruption, die 1992 in einem riesigen Skandal in Mailand (»Tangentopoli«, wörtlich Schmiergeldstadt) und dann in ganz Italien ans Tageslicht kam. Um an öffentliche Aufträge zu gelangen, mussten Unternehmen neben einmaligen Bestechungsgeldern sogar umsatzabhängige Abgaben zahlen. Die »politischen Kosten« betrugen je nach Branche und Region zwischen fünf und dreizehn Prozent der Auftragssumme und wurden für die

Parteienfinanzierung, Wahlgeschenke an Parteigänger und zur persönlichen Bereicherung verwendet.[5] Die einzige Partei, die auf nationaler Ebene eine relativ weiße Weste behielt, war der PCI, doch die Kommunisten waren nach dem Zusammenbruch des Ostblocks ideologisch zu desorientiert und mit sich selbst beschäftigt, um sich als Alternative zu den korrupten bürgerlichen Parteien zu präsentieren.

Die Plünderung des Staates trug zum wachsenden Haushaltsdefizit bei, von 1980 bis 1992 stieg die Verschuldung im Verhältnis zum BIP von knapp 54 auf über 100 Prozent.[6] Beide Regierungsparteien waren durch den Tangentopoli-Skandal völlig kompromittiert, so dass Berlusconi die Stimmen der Wähler, vor allem auf der Rechten, nur einzusammeln brauchte. Die von ihm gegründete Forza Italia versprach einen Neubeginn gegenüber der korrupten »partitocrazia«.

Berlusconi behauptete, er sei wegen seines großen Reichtums gegen Korruption immun, und kündigte an, den verrotteten Staat so effektiv zu führen wie sein Firmenimperium.[7] (Der Verweis auf die vermeintlichen Fähigkeiten als Manager ist ein Argument, das auch spätere superreiche Rechtspopulisten wie Donald Trump und in Tschechien Andrej Babiš für sich ins Feld führen.) Mit seinen Breitseiten gegen die überbordende Bürokratie bestätigte Berlusconi die traditionelle Skepsis der Italiener gegenüber dem Staat und zugleich den globalen Neoliberalismus der frühen neunziger Jahre. Die Ankündigung, seine Geschäftsinteressen hintanzustellen, entpuppte sich als eine von vielen Lügen, denn Berlusconi begünstigte sein Medienimperium bei verschiedenen Gelegenheiten. 2013 wurde er nach langer Verzögerung, nicht zuletzt aufgrund seiner politischen Immunität als Ministerpräsident, wegen Steuerhinterziehung und Amtsmissbrauch gerichtlich verurteilt.

Berlusconi erwies sich bereits in seiner ersten Amtszeit als schlechter Manager der Staatsfinanzen. Zwar kann man ihn nicht für den zuvor angehäuften Schuldenberg verantwortlich machen, doch die Gesamtverschuldung im Verhältnis zum BIP nahm unter seiner Regierung nochmals um sechs auf 117 Prozent zu.[8] Ausbaden mussten das dann, ähnlich wie in den nuller Jahren und nach dem finalen Rücktritt von 2011, jeweils seine Nachfolger, die sich zu drastischen Sparmaßnahmen gezwungen sahen.

Exkurs in die italienische Wirtschaftsgeschichte

Berlusconi übernahm 1994 eine noch florierende Volkswirtschaft, die im Norden dynamischer war als die frisch vereinigte Bundesrepublik. 1987 hatte Italien zu seinem Stolz die einstige wirtschaftliche Führungsmacht in Europa, Großbritannien, beim BIP pro Kopf überholt und war damit auf Platz fünf der westlichen Industrieländer aufgestiegen.[9] Der britische Finanzminister leugnete damals diese Zahlen, weil sie indirekt den Erfolg des Thatcherismus infrage stellten. Italien verdankte dies seiner gemischten Wirtschaftsstruktur, seinen findigen Unternehmern und seiner starken Stellung in Wachstumsbranchen wie der Elektronik- und Computerindustrie.

Für den Aufschwung stand unter anderem der Schreibmaschinenhersteller Olivetti, der ab 1982 diverse Personal Computer und bald darauf einen Laptop auf den Markt brachte. Nach dem globalen Marktführer IBM hielt der piemontesische Konzern in den folgenden Jahren die höchsten Marktanteile in Europa und expandierte durch den Kauf der Traditionsfirma Triumph-Adler in die Bundesrepublik. Anfang der Neunziger mehrten sich jedoch die Probleme, weil Italien bei der Herstellung von Speicherchips nicht mit den

USA, Japan und der Bundesrepublik sowie bei den Arbeitskosten nicht mit den ostasiatischen Herstellern konkurrieren konnte. 1995 gab Olivetti die weitere Entwicklung von PCs auf und stellte zwei Jahre später die Produktion ganz ein (bei Siemens, das zuvor Nixdorf aufgekauft hatte, war es 2005 so weit – das Problem betraf demnach nicht nur Italien).[10] Statt auf den damaligen Hightechsektor verlagerte Olivetti seine Aktivitäten auf traditionelle Märkte und erwarb im Rahmen der Privatisierung fünfzig Prozent der Aktien an der Telecom Italia. Etwas abstrakter könnte man das auch als Übergang vom produktiven zum Rentenkapitalismus bezeichnen. Heute hat Olivetti an seinem Hauptstandort in Ivrea noch gut 500 Beschäftigte, 2018 wurden die stillgelegten Industrieanlagen von der Unesco zum Weltkulturerbe ernannt. Das ist schön, aber es verheißt nichts Gutes, wenn die Zukunftsperspektive in der Musealisierung und somit der Vergangenheit liegt.

In der Autoindustrie war die Entwicklung vergleichbar. In den achtziger Jahren hatten Fiat und Italien international eine starke Position. Der größte Industriekonzern des Landes besaß durch das dichte Netz von Lizenznehmern im Ostblock (Sowjetunion und Polen), in Süd- und Südosteuropa (Spanien, Jugoslawien, Türkei) und Lateinamerika (Argentinien und Uruguay) mindestens so gute Voraussetzungen für eine globale Expansion wie VW.[11] Doch in den Neunzigern sank der Marktanteil in Europa kontinuierlich, in Osteuropa beschränkte sich Fiat auf den Bau eines großen Werks in Polen (später kam noch eines in Serbien hinzu). Anders als Olivetti litt Fiat, das immer noch als Familienunternehmen geführt wurde, vor allem unter Defiziten im Management.

Der von außen gekommene Sergio Marchionne reformierte ab 2003 den Konzern, machte ihn wieder profitabel und expandierte sogar in die USA. Doch seit der Fusion mit Chrysler ist Fiat kein rein italienisches Unternehmen mehr. 2014 verlagerte der Konzern seinen Sitz nach Amsterdam und ist somit rechtlich eine niederländische Firma. So viel zu den Folgen der Globalisierung, aber auch der europäischen Integration, die den Umzug in die Niederlande ermöglichte. Die Arbeiter und Angestellten von Fiat sind entsprechend verunsichert. Dass dies in der Politik zu einer polanyischen Pendelbewegung beiträgt, ist nicht weiter verwunderlich, wobei weder die Links- noch die Rechtspopulisten ein Rezept dafür haben, wie Italien mit diesen Herausforderungen umgehen soll.

Bei den staatlich kontrollierten Unternehmen, in der Nachkriegszeit eine weitere Säule der italienischen Wirtschaft,[12] folgte die Entwicklung dem Muster anderer EU-Staaten. Die Regierung setzte ab 1991 auf Privatisierungen, in der Regel durch die Umwandlung in Aktiengesellschaften. Auf diese Weise wurden Anteile an der Enel (die staatlichen Elektrizitätswerke), der Eni (Mineralöl, Erdgas und Petrochemie), den in der staatlichen Industrieholding Iri organisierten Unternehmen und den staatlich kontrollierten Banken und Versicherungskonzernen verkauft (die Iri war in der Zeit des Faschismus gegründet worden und zeigt somit das lange Fortwirken des staatlichen Dirigismus bzw. einer gemischten Ökonomie). Nur wenige privatisierte Firmen blieben globale Player wie etwa die Enel, dagegen wurden viele aus der Iri hervorgegangene Unternehmen gemäß der Logik des globalen Finanzkapitalismus weiterverkauft, zerschlagen und im günstigen Fall neu aufgestellt. Italien hat davon als Industriestandort nicht profitiert; trotz der im Vergleich zu Deutschland deutlich geringeren Löhne wanderte seit den Neunzigern immer mehr Produktion nach Osteuropa oder Ostasien ab.

Im Gegensatz zu Großbritannien und den USA waren die Privatisierungen in Italien nicht ideologisch motiviert, sondern fiskalisch. Der Verkauf der Staatsunternehmen diente vor allem dazu, den maroden Haushalt zu sanieren. Auf diese Weise kann man den britischen »Neoliberalismus aus Überzeugung«, wie er unter Margaret Thatcher und in seinen Ausläufern unter Tony Blair praktiziert wurde, von einem »situativen Neoliberalismus« unterscheiden.[13]

Das Abkommen von Maastricht mit seinen strikten Defizitregeln sowie die Einführung des Euro verstärkten den Druck. Letztlich gelang es den Nachfolgern von Berlusconi, das Budget zu sanieren. Die Mitte-links-Regierungen unter Romano Prodi, Massimo D'Alema und Giuliano Amato verwandelten das Defizit ab 1996 in einen Primärüberschuss (vor Zinszahlungen) und reduzierten die Gesamtverschuldung bis zur Jahrtausendwende um zwölf auf 105 Prozent des BIP. Auf dieser Basis konnte Italien der Eurozone beitreten. Über diesen Erfolg hinaus fehlte es den Mitte-links-Regierungen jedoch an einer Vision und an gemeinsamen Projekten. Die dringend nötige Staatsreform versandete in einer parlamentarischen Kommission, wegen der Budgetsanierung blieb kein Geld für den Ausbau des Sozialstaats und der Infrastruktur, nur im Bildungswesen konnte die Regierung mit der Reform der beruflichen Ausbildung gute Akzente setzen.

Einen weiteren Grund für die Schwäche der Linken führt der italienische Zeithistoriker Guido Crainz an. Er bemerkt zu Recht, die Linke habe es in den Neunzigern versäumt, sich kulturell zu erneuern. Am besten konnte man das an der Basis erkennen. Zu den großen Errungenschaften der italienischen Linken gehören die Case del Popolo (Volkshäuser), die es in allen Kommunen und Vierteln größerer Städte gibt, in denen die PCI und die Sozialisten früher gute Wahlergebnisse erzielten. Dort trafen sich Parteimitglieder, Gewerkschafter, oft auch Passanten nach Feierabend auf ein Glas Wein, zu Filmabenden, politischen Diskussionen, zum Kartenspielen und zum Ratschen. Es ging alles in allem mehr um Soziabilität als um Politik. Zu meiner Zeit in Italien war die Casa del Popolo in meiner unmittelbaren Nachbarschaft nur noch sporadisch geöffnet. Es gab Volkshäuser, die belebter waren, vor allem an Feiertagen wie dem 1. Mai, so zum Beispiel in unserer Nachbargemeinde Fiesole, einer Hochburg des PCI und seiner Nachfolgeparteien. Das Kulturprogramm zu solchen Anlässen bestand aus einem Auftritt des Chors, der Arbeiterlieder vom 19. Jahrhundert bis zur Resistenza und ältere Dritte-Welt-Musik im Repertoire hatte. Einmal traute ich mich zu fragen, ob es keine aktuellen Lieder gäbe. Wahrscheinlich kann man die Errungenschaften der italienischen Linken in der Nachkriegszeit, die allgemeine Krankenversicherung, die Lohnfortzahlung im Krankenstand, gebührenfreie Schulen und Universitäten, den Kündigungsschutz sowie allgemein den Ausbau des Sozialstaats (so begrenzt er auch sein mag), schlecht in Töne setzen. Das kulturelle Vakuum war nach meinem Eindruck neben der Auflösung der sozialen Milieus der Nachkriegszeit der Grund, warum die Case del Popolo an den meisten Abenden leer standen und nur von ein paar alten Parteigängern besucht wurden.

Die Wahlen im Jahr 2001 gewann der Cavaliere mit einem bunten Strauß an Versprechungen und seiner Medienmacht. Er setzte die Privatisierungen fort, wobei der Verkauf von Anteilen noch lange nicht besagte, dass sich in den jeweiligen Unternehmen viel bewegte. Auf die Dauer führte die Umwandlung in Aktiengesellschaften jedoch zu einer größeren Orientierung auf Gewinne und somit den Abbau von Arbeitsplätzen (vor der Umwandlung beschäftigen allein die Enel, Eni und Iri zusammen 690 000 Menschen).

Die Privatisierung führte nicht, wie von ihren Befürwortern behauptet, zu mehr Wettbewerb, sondern häufig zu Kartellen und Monopolen, die sich wiederum in überhöhten Preisen niederschlugen. (Im Jahr 2007 spürte ich das am eigenen Geldbeutel. Für Strom, Gas und Telefon waren teilweise absurd hohe Anschluss- und Grundgebühren fällig, nur die kommunal und somit noch staatlich betriebene Müllabfuhr war deutlich günstiger als in Deutschland oder Österreich.) Berlusconi ging in seiner zweiten und längsten Regierungsperiode (2001-2006) weder gegen illegale Absprachen noch gegen die satten Preisaufschläge vor, die auf die Einführung des Euro folgten. Die spürbare Teuerung ging zu Lasten der Kaufkraft der Bevölkerung, was sich wiederum auf den Konsum und das Wirtschaftswachstum auswirkte. In der zweiten Amtszeit Berlusconis sank es im Durchschnitt auf nur noch gut ein Prozent, Italien war damit bereits vor der großen Krise Schlusslicht in der EU.

Die Stagnation führte dazu, dass nun sogar die italienischen Unternehmerverbände Berlusconi kritisierten. Der Fernsehmogul konnte jedoch bei den Parlamentswahlen von 2006 einmal mehr auf seine Medienmaschinerie zurückgreifen. Inzwischen beherrschte er neben seinen eigenen Kanälen das öffentlich-rechtliche Fernsehen, insofern gab es schon damals eine »Krise der Demokratie«. Berlusconi führte erneut einen polarisierenden Lagerwahlkampf wie später Trump und andere heutige Rechtspopulisten. Außerdem ließ er 2005 das Wahlrecht ändern, das der jeweils stimmenstärksten Partei von nun an einen großen Bonus an Parlamentssitzen verschaffte.[14] Diese Regelung galt auch für die zweite Kammer des Parlaments, den Senat, für den die Sitze auf regionaler Basis vergeben werden. Mit diesem Trick gelang es Berlusconi, das Mitte-links-Bündnis unter Prodi auszuhebeln. Die neue Regierungskoalition verfügte im Senat nur über eine hauchdünne Mehrheit, Berlusconi blockierte sie bei wichtigen Vorhaben und polemisierte einmal mehr, dass die Linke nicht regierungsfähig sei. Nicht zuletzt deshalb wollte sein Nachnachfolger Matteo Renzi den Senat im Verfassungsreferendum von 2016 weitgehend entmachten, verlor dann jedoch die entsprechende Volksabstimmung.

Die Taktik des »power grabbing«, die den Rechtspopulismus überall kennzeichnet, zahlte sich aus. Als sich die Linke nicht zuletzt wegen ihrer mangelnden Durchsetzungsfähigkeit zerstritt, gewann Berlusconi die vorgezogenen Parlamentswahlen von 2008. Die Geschichte der italienischen Regierungswechsel nach 1989 zeigt somit, dass Rechtspopulisten, einmal an die Macht gelangt, diese auch mit rechtlichen Manipulationen verteidigen. Hier gibt es Parallelen zu Ungarn, wo Viktor Orbán bei den Wahlen von 2014 mit nicht einmal 45 Prozent der Wählerstimmen zwei Drittel der Parlamentssitze erreichte, und zu den USA, wo die Republikaner in verschiedenen Bundesstaaten durch bürokratische Tricks Angehörigen sozialer Schichten, die traditionell demokratisch wählen (zum Beispiel arme Afroamerikaner), das Wahlrecht entzogen haben.

Außerdem ist Italien ein weiteres Beispiel für den bereits oben im Kontext der USA angesprochenen »fiskalischen Rollentausch«. Die Mitte-links-Regierungen verfolgten eine sparsame und rationale Haushaltspolitik und reduzierten die Staatsschulden erheblich, unter der zweiten von Prodi geführten Regierung 2007 sogar unter die Schwelle von 100 Prozent des BIP. Das zeigt, dass die liberale Demokratie über budgetäre und politische Reserven verfügte, die eine fachlich kompetente Regierung bei Bedarf nutzen konnte. (Nach der globalen Finanz- und der Eurokrise war das nicht mehr der Fall.) Berlusconi hingegen war ausgabenfreudig und bediente vor allem in Süditalien seine Wählerklientel.[15] Die Linke übernahm damit in der Haushaltspolitik die Rolle der Liberalen und der Konservativen. Das verschaffte ihr zwar Zustimmung unter Experten und bei internationalen Finanzorganisationen, aber nicht bei ihren früheren Stammwählern. In Italien begannen die Arbeiter unter Berlusconi, überwiegend rechts zu wählen.

Das bedeutet mittlerweile vor allem Stimmen für die Lega, deren Aufstieg ebenfalls auf Berlusconi zurückgeht. 1994 nahm er fünf Minister der Partei, die damals noch Lega Nord hieß, in sein erstes Kabinett auf. Das war ein riskanter Schritt, denn der Chef der Lega, Umberto Bossi, drohte mit der gewaltsamen Abspaltung »Padaniens« (so wollten die Legisten das unabhängige Norditalien nennen), benahm sich wie ein politischer Rowdy und beschimpfte Berlusconi wiederholt mit Kraftausdrücken.[16] Nach nicht einmal einem Jahr ließ Bossi die Koalition platzen. Doch nach Berlusconis zweitem Wahlsieg von 2001 verbündeten sich die beiden erneut, dieses Mal trat Bossi sogar persönlich ins Kabinett ein. Auf diese Weise machte der Cavaliere die Lega salonfähig und trotz ihres in vieler Hinsicht rechtsradikalen Programms zu einer ganz normalen Partei. 2012 schien die Lega dann freilich am Ende zu sein, als sich nach dem Verlust der Regierungsmacht herausstellte, dass Bossi Gelder aus der Parteikasse für sich und seine zwei Söhne abgezweigt hatte. Trotz dieses Betrugs wurden Salvini und die Lega dann jedoch bei den Wahlen 2018 zur drittstärksten Kraft. Die diversen Skandale um Bossi und Berlusconi haben den Rechtspopulisten also nicht dauerhaft geschadet. Indirekt haben sie Berlusconi bis zu seiner Verurteilung sogar genutzt, denn so richtete sich die öffentliche Aufmerksamkeit mehr auf seine Person als auf seine Politik.

Die Karriere des Cavaliere als Regierungschef endete letztlich, weil er zum falschen Zeitpunkt wieder an die Macht gelangt war. Kurz nach seinem dritten Wahlsieg von 2008 begann die globale Krise, die Italien mit voller Wucht traf. Das Land erlitt 2009 mit einem Minuswachstum von 5,2 Prozent den tiefsten wirtschaftlichen Einbruch unter allen westlichen Industriestaaten. Das lag auch daran, dass die Staatskasse derart leer war; im Unterschied zu den USA oder Deutschland konnte sich Italien kein Ausgabenprogramm leisten, im Gegenteil: Berlusconis langjähriger Finanzminister Giulio Tremonti legte 2010 ein Sparpaket auf, um ein Übergreifen der griechischen Schuldenkrise zu vermeiden. Dieses ging vor allem zu Lasten der ohnehin vernachlässigten Schulen und Universitäten. 2011 folgten noch tiefere Einschnitte im Umfang von 54 Milliarden Euro (was in Deutschland kaum durchsetzbar gewesen wäre), die jedoch die Konjunktur weiter abwürgten und eine Abwärtsspirale erzeugten. Fatal war vor allem, dass der Staat seine Rechnungen nicht mehr bezahlte. Bis 2013 summierten sich die Außenstände an Unternehmen auf nahezu 100 Milliarden Euro.[17] Das verursachte eine präzedenzlose Welle an Insolvenzen und ist einer der Faktoren, warum die staatliche Budgetkrise sich so stark auf die Wirtschaft auswirkte. Eine Million Arbeitsplätze ging verloren, die Industrieproduktion sank um mehr als 25 Prozent – das war ein fast so hoher Rückgang wie in Polen und der Tschechoslowakei unmittelbar nach dem Umbruch von 1989.

Aufgrund der großen Krise funktionierte Berlusconis alte Taktik, gute Stimmung zu verbreiten und Probleme beiseitezuschieben, nicht mehr. Die internationalen Kreditgeber und die Europäische Zentralbank trauten ihm nicht zu, die Staatsfinanzen in Ordnung zu bringen. Das überrascht nicht weiter, hatte sich der Schuldenberg doch seit seiner ersten Amtszeit von einer auf zwei Billionen Euro verdoppelt.[18] Um auslaufende Staatsanleihen zu refinanzieren und neue Schulden aufzunehmen, musste die italienische Nationalbank immer höhere Zinsen bezahlen. In der zweiten Hälfte des Jahres 2011 stiegen sie auf über sieben Prozent, was auch an der Weigerung der deutschen Regierung lag, gemeinsame Anleihen für die Eurozone, sogenannte Eurobonds, einzuführen.[19] Für Berlusconis Politik wollte Berlin nicht mithaften, Paris auch nicht. Der Cavaliere klammerte sich an sein Amt, nicht zuletzt um weiterhin Immunität zu genießen und die gegen ihn laufenden Gerichtsverfahren hinauszuzögern. Doch als der Zinsabstand zwischen italienischen und deutschen Staatsanleihen (»lo spread«) im November 2011 auf 5,74 Prozent stieg und eine ähnlich dramatische Schuldenkrise wie in Griechenland drohte, musste Berlusconi seinen Hut nehmen. Dieser Rücktritt resultierte jedoch nicht aus einem demokratischen Votum, sondern allein aus dem Druck der internationalen Finanzmärkte, der EU-Partner und eines Teils der inländischen Eliten.

Die sozialen Folgen des Berlusconismo

Der spezielle Verlauf der Krise in Italien – die Rezession dauerte dort mit Unterbrechungen fast sechs Jahre und somit deutlich länger als in jedem anderen westlichen Industrieland – belegt einmal mehr, wie sehr der erste große Rechtspopulist der Postmoderne sein Land heruntergewirtschaftet hatte. Es wäre jedoch verkehrt, sich dabei ausschließlich auf die Staatsschulden zu konzentrieren. Die Fiskalpolitik ist im Zeitalter des Neoliberalismus zu einer Obsession geworden, durch die Eurokrise hat sich das nochmals verstärkt. Wichtiger für Italien wäre, dass sich aus der Gesellschaft heraus eine neue wirtschaftliche Dynamik entwickelt. Doch das ist derzeit nicht absehbar, die italienische Gesellschaft ist durch die lange Stagnation und die große Krise gelähmt und noch anfälliger für rechtspopulistische Demagogie geworden.

Ein Essay ist ein zu kleiner Rahmen, um eine Sozialgeschichte Italiens in den vergangenen dreißig Jahren zu schreiben. Außerdem ist dabei die Spaltung des Landes zwischen dem Norden und dem Süden zu berücksichtigen, die sich infolge der Krise nochmals verschärft hat. Ähnlich wie beim vorherigen Exkurs in die Wirtschaftsgeschichte kann ich daher nur ein paar Themenbereiche vertieft betrachten. Als Bezugspunkt dienen dabei die Bücher meines Florentiner Kollegen Paul Ginsborg, der zu einer Zeit aus England nach Italien zog, als das auch ein Lebenstraum vieler Deutscher war. Der Sozialhistoriker hat seit den achtziger Jahren eine Reihe grundlegender Werke über Italien verfasst, die Einblicke in gesellschaftliche Veränderungen »von unten« bieten, in die Bedeutung der Familie, den Wandel von Mentalitäten und die vielfältigen Auswirkungen des Berlusconismo.[20]

Eine der direkten Folgen der Ära Berlusconi, vor allem seiner Tätigkeit als Medientycoon, war die Zunahme des Fernsehkonsums. Allein von 1988 bis 1995 stieg die Zeit, die Italiener täglich vor dem Fernseher verbrachten, im Durchschnitt von zweieinhalb auf mehr als dreieinhalb Stunden.[21] Das lag vor allem an den neuen Privatsendern, die endlos Quizshows, Gewinnspiele, Talkrunden und Seifenopern servierten. Später reduzierte Berlusconi das Niveau des öffentlich-rechtlichen Fernsehens ebenfalls radikal, die Rai bietet heute zur Hauptsendezeit überwiegend billige Unterhaltung. Die Rollenverteilung zwischen den öligen Moderatoren und den spärlich bekleideten und überschminkten Assistentinnen ist nebenbei ein schwerer Hieb gegen die Gleichberechtigung von Frauen, die Berlusconi ebenso ablehnt wie sein Wiedergänger Salvini.

Die mediale Volksverdummung ging mit einer Vernachlässigung des Bildungswesens einher. Italien hinkt beim Anteil der jungen Menschen, die ein Gymnasium oder eine Universität besuchen, seit je hinter Deutschland und Frankreich her. Doch während das Land bis zu den Neunzigern aufholte, hat sich der Rückstand unter Berlusconi wieder vergrößert. Italien hat aktuell den mit Abstand geringsten Anteil von Hochschulabsolventen von *allen* EU-Staaten (unter den 25- bis 34-Jährigen waren es 2018 26,8 Prozent), während umgekehrt der Anteil der Jugendlichen, die nur einen Pflichtschulabschluss schaffen, fast vierzig Prozent beträgt (auf diesem Niveau liegt auch die Jugendarbeitslosigkeit, der Zusammenhang zwischen beiden Problemen ist bekannt). Bei den Bildungsausgaben liegt Italien unter den OECD-Staaten abgeschlagen auf dem letzten Platz.[22]

Das hängt mit den erwähnten Sparmaßnahmen infolge der großen Krise zusammen. Beim ersten Sparpaket von 2010 strich Finanzminister Tremonti den Schulen und Universitäten, die er schon zuvor sehr knapp gehalten hatte, rund acht Prozent ihres Budgets.[23] Entsprechend sieht die Infrastruktur aus. Bei der nächstgelegenen Grundschule am Stadtrand von Florenz, die ich 2009 für eines meiner Kinder besichtigte, konnte man mit bloßem Auge die in das Dach aus Stahlbeton eingedrungene Feuchtigkeit sehen. (Kurz zuvor war in Piemont ein ähnlich konstruiertes Dach eingestürzt und hatte mehrere Schüler unter sich begraben, daher war ich für solche Schäden sensibilisiert. Nahezu jedes Jahr ereignen sich in Italien derartige Unfälle an Schulen und Kindergärten. Der Einsturz des Polcevera-Viadukts in Genua, bei dem im August 2018 43 Menschen ums Leben kamen, lenkte ausnahmsweise die internationale Aufmerksamkeit auf dieses Problem.) Bei der Ausstattung mit Internetanschlüssen und der Digitalisierung belegt Italien ebenfalls seit Jahren einen der letzten Plätze innerhalb der EU.[24]

Italien bräuchte also offensichtlich ein umfangreiches Investitionsprogramm, das nebenbei auch Arbeitsplätze schaffen würde. Stattdessen setzen die Linkspopulisten 2018 eines ihrer Wahlversprechen und der Lieblingsthemen der globalen Linken, das »Reddito di cittadinanza«, durch. Dabei handelt es sich um ein Bürger- oder Grundeinkommen, das jedoch nur mit großem bürokratischen Aufwand zu verwalten ist und keineswegs so bedingungslos, wie versprochen. Aufgrund der hohen Kosten musste die Regierung das Bürgereinkommen an immer mehr Auflagen knüpfen, so dass bislang nur etwa eine Million Menschen in den Genuss der Zahlungen gekommen sind.[25]

Die schlechten Bedingungen auf dem Arbeitsmarkt seit Mitte der Neunziger hatten ein Phänomen zur Folge, das man als »Refamiliarisierung« bezeichnen kann, in mancher Hinsicht auch als »Repatriarchalisierung«. Die steigende Jugendarbeitslosigkeit hat italienische Teenager und Studienabsolventen beim Einstieg in den Arbeitsmarkt noch stärker von familiären Netzwerken abhängig gemacht.[26] Außerdem können junge Italiener es sich immer seltener leisten, sich von den Eltern abzunabeln. 1993 lebte die Hälfte der italienischen Männer unter dreißig Jahren im elterlichen Haushalt. Das löste eine Debatte über die »mammoni« und die Frage aus, ob das eher am schlechteren Arbeitsmarkt oder an geschlechtsspezifischen Verhaltensmustern lag, denn von den Frauen im gleichen Alter wohnte nur ein Viertel noch daheim. Infolge der Stagnation und der Krise hat sich die Abhängigkeit von der Familie verlängert und vergrößert. Nach neuesten Erhebungen lebten 2018 zwei Drittel der Italiener und Italienerinnen im Alter von 18 bis 34 Jahren im elterlichen Haushalt, wobei sich das Verhalten der Frauen weitgehend an das der Männer angeglichen hat.[27]

Ein Blick auf die Einkommensstatistiken erklärt sofort, warum die Familienbande wieder so eng geworden sind.

Nach der Eurokrise erreichten Italiener unter 35 Jahren ein durchschnittliches steuerpflichtiges Einkommen in Höhe von 540 Euro im Monat.[28] Selbst wenn man die Arbeitslosen aus dieser Statistik herausrechnet, ist das in etwa so viel wie in Deutschland Hartz IV plus Wohngeld oder wie in Österreich die Grundsicherung mit Zulagen. Die miserablen Anfangsgehälter – auch in gut bezahlten Branchen sind es kaum mehr als 1000 Euro – haben zur Folge, dass sich junge Italiener und Italienerinnen in der Regel keine eigene Wohnung leisten können, außer Papa und Mama greifen ihnen unter die Arme. Die Eltern sind außerdem unverzichtbar, sobald Nachwuchs ins Haus steht, denn Hort- und Kindergartenplätze sind rar und teuer. Auch das spräche für den Ausbau des Sozialstaates in Kombination mit einer Bildungsoffensive.

Gesamtgesellschaftlich hat die Solidarität der Älteren jedoch ihre Grenzen. Infolge der großen Krise verdoppelte sich die Jugendarbeitslosigkeit von 2008 bis 2014 auf mehr als 42 Prozent. Gleichzeitig stieg die Beschäftigungsquote der über 55-Jährigen von 33 auf über 40 Prozent.[29] Insofern muss man hier von einer Verdrängung sprechen, die damit zusammenhängt, dass junge Arbeitnehmer leichter kündbar sind. Viele von ihnen haben sich schon fast aufgegeben, etwa ein Fünftel der Italiener zwischen 15 und 24 Jahren gehen weder einer Arbeit nach noch besuchen sie eine Schule oder eine andere Ausbildungsstätte (in internationalen Statistiken werden sie als »NEET« geführt, die Abkürzung steht für »not in education, employment or training«). Das Reddito di cittadinanza wird diese Abhängigkeit nicht verringern, denn die Auszahlung an unter Dreißigjährige ist an besonders strenge Auflagen gekoppelt. Überhaupt liegt eine Schwäche des bedingungslosen Grundeinkommens darin, dass es primär budgetär gedacht ist. Durch staatliche Mitteltransfers und Cash für Sozialhilfeempfänger lassen sich die Probleme

Italiens und vor allem des abgehängten Mezzogiorno aber nicht lösen.

Das zeigt bereits die Entwicklung unter Berlusconi, der dem Süden bis zur Krise von 2009 über den Fonds für unterentwickelte Regionen (Fondo per le aree sottoutilizzate) jedes Jahr zweistellige Milliardenbeträge zukommen ließ. Doch das Wirtschaftswachstum des Südens lag ab 1995 im Schnitt ein halbes Prozent unter dem des Nordens. Durch die Kumulation im Lauf der Jahre sank das süditalienische BIP pro Kopf bereits vor der großen Krise von 79 auf 69 Prozent des EU-Durchschnitts.[30] Nach der Krise fiel der Mezzogiorno beim kaufkraftbereinigten BIP hinter Polen zurück, innerhalb der EU sind nur Rumänien und Bulgarien noch ärmer. Historiker sind nicht dazu ausgebildet, Lösungen anzubieten oder gar politikberatend tätig zu werden. Um die komplexen Probleme des Mezzogiorno und anderer strukturschwacher Regionen anzugehen (wobei man hier zwischen agrarischen und postindustriellen Gebieten unterscheiden muss), bedarf es einer Entwicklungsökonomie für die entwickelte Welt und einer anderen Art von Sozialstaatlichkeit, die nicht so sehr auf Zahlungen ausgelegt ist, sondern bei der gezielt Personal aufgestockt wird, vor allem in den Kindergärten, Schulen und sozialen Brennpunkten (das entspräche eher dem skandinavischen als dem südeuropäischen Sozialstaatsmodell).

Möglicherweise hängt die Tragödie Italiens damit zusammen, dass es dieser entwickelten Welt erst relativ kurze Zeit angehört. Abgesehen von der Lombardei, dem Piemont sowie Teilen der Emilia Romagna und der Toskana war Italien bis in die sechziger Jahre ein armes und strukturschwaches Land. In den folgenden drei Jahrzehnten stieg der Wohlstand rasant, vor allem im Nordosten und in Mittelitalien. Das bedeutet jedoch, dass nur eine Generation auf einem so hohen Lebensstandard gelebt hat, wie er für die Bundesrepublik als weitgehend selbstverständlich gilt. Das könnte ein Grund dafür sein, dass nach dem Ende des Booms ein Rückfall in alte Verhaltensmuster erfolgte. Die Familienbande und der Klientelismus wurden wieder wichtiger, auch bei den Rollenbildern von Männern und Frauen kam es zu einer Regression.[31]

Zu den alten und neuen Reaktionen auf Armut und Perspektivlosigkeit gehört die Arbeitsmigration. Laut der EU-Statistikbehörde Eurostat hat sich die Abwanderung aus Italien zwischen 2008 und 2017 fast verdoppelt, zuletzt auf mehr als 150000 Menschen pro Jahr. Leider gibt es nur aus wenigen EU-Staaten korrespondierende Daten über die Zuwanderung aus Italien, vor allem nicht aus Frankreich und Deutschland, den traditionell wichtigsten Zielländern. In Großbritannien hat sich die Zahl der italienischen Immigranten von 2009 bis 2016 verdreifacht, in London gibt es mittlerweile eine große Diaspora.[32] Viele von ihnen sind hoch qualifizierte Akademiker, auch in Berlin, München und Wien sieht man sie immer häufiger in der U-Bahn, in Kaffeehäusern und mit ihren Kindern auf Spielplätzen. Die Rechtspopulisten nutzen diesen Exodus um die rechtsradikale These eines »Bevölkerungsaustauschs« – gute Italiener gegen schlechte Immigranten – zu Streuen. Für Italien bedeutet es zweifelsohne einen gesellschaftlichen und wirtschaftlichen Aderlass, wenn so viele junge und agile Menschen wegziehen. Noch ist die Arbeitsmigration im Vergleich zum östlichen Europa gering, doch als Diskursgegenstand ist sie vor allem unter Akademikern ständig präsent. Fast jeder kennt jemand, der oder die (im Gegensatz zur Gastarbeitermigration ziehen viele Frauen weg) ins Ausland gegangen ist. Das trägt zur trüben Stimmung unter jenen bei, die noch zuhause geblieben sind und sich, selbst wenn sie Arbeit haben, wegen der niedrigen Löhne fragen, ob sie nicht auch weggehen sollen.

Joseph Schumpeter, ein Zeitgenosse Polanyis, der ebenfalls aus Österreich-Ungarn stammte und in den USA eine große Karriere machte, hat die viel zitierte These aufgestellt, der Kapitalismus neige zur »schöpferischen Zerstörung« und erneuere sich durch Krisen immer wieder selbst. Schumpeters These war primär auf die Wirtschaft und Unternehmen ausgelegt, nicht auf kapitalistische Staaten oder Gesellschaften. Insofern ist sie nur bedingt auf Italien anwendbar. Schon eher gilt das für seine Warnung, dass der Kapitalismus durch Monopolbildungen, die Orientierung auf Renten und nachlassende Innovationskraft seine eigene Existenz gefährdet. Schumpeter ging daher davon aus, dass die Geschichte eines Tages im Sozialismus enden würde, während Polanyi hier weniger optimistisch war und die Varianten Sozialismus oder Faschismus für möglich hielt. In Italien hat die Krise bislang jedenfalls kaum kreative Impulse ausgelöst, sondern die Gesellschaft vor allem gelähmt. Letzteres gilt allerdings genauso für die großen Unternehmen, denn seit Mitte der Neunziger stagniert die Produktivität. Auch das ist unter den westlichen Industriestaaten einmalig und bedeutet, dass es aus Sicht der Arbeitgeber wenig bis nichts zu verteilen gibt. In dieser Hinsicht geht »la Crisi« ebenfalls tiefer und ist keineswegs nur ein fiskalisches Problem.

Das Pendel schlägt nach rechts

Warum ist der »polanyische Moment« nach dem Sturz Berlusconis ausgeblieben? Die große Krise hat die Italiener noch mehr verunsichert und zorniger gemacht als der schleichende Verfall zuvor. Davon und vom allgemeinen Verdruss über die »partitocrazia« profitierte 2013 das linkspopulistische Movimento Cinque Stelle, das aus dem Stand ein Viertel der Stimmen erreichte. Der PD schnitt bei den Wahlen nicht sonderlich gut ab, wurde jedoch vor den führungslosen Konservativen stärkste Partei.

Eine Koalition der beiden Linksparteien hätte von den Mehrheitsverhältnissen her nahegelegen und einen politischen Neubeginn ermöglicht. Er war jedoch aufgrund der destruktiven Rhetorik und des autoritären Führungsstils des M5S-Vorsitzenden Beppe Grillo ausgeschlossen. Außerdem hätten die internationalen Finanzmärkte und die anderen Länder der Eurozone eine solche Koalition wohl ebenso misstrauisch aufgenommen und abgestraft wie in Griechenland. Der Partito Democratico zog es daher vor, die Reformen Montis in einer Großen Koalition sozialverträglicher fortzusetzen.

Der Zug in die politische Mitte beruhte auf einem bestechenden Kalkül: Der junge Vorsitzende des PD, Matteo Renzi, der die alte Garde in einem parteiinternen Referendum entmachtete, ging davon aus, dass er die zentristischen Wähler und einen Teil des bürgerlichen Lagers, das nach der Verurteilung Berlusconis führungslos war, an sich ziehen könnte. Auf den Bankrott des Rechtspopulismus sollte die Renaissance einer reformorientierten Sozialdemokratie folgen. Eine Weile ging das Kalkül auf, bei den Europawahlen von 2014 konnte Renzi, mittlerweile Ministerpräsident, für den PD ein Rekordergebnis von über vierzig Prozent einfahren. Er präsentierte sich als »Verschrotter« (»Rottamatore«) des alten, verkrusteten Italien und verabschiedete eine grundlegende Arbeitsmarktreform. Die Rentenreform von Monti, der das Pensionsalter an die gestiegene Lebenserwartung angepasst hatte – angesichts der Überalterung der italienischen Gesellschaft ein überfälliger, jedoch unpopulärer Schritt –, behielt Renzi bei.

Doch dann führten drei Faktoren zu seinem Scheitern: Renzi überschätzte seine Machtfülle und verspekulierte sich mit dem Verfassungsreferendum. Dieses sah vor, den Senat fast völlig zu entmachten und die italienische Staatsverwaltung zu vereinfachen. Beides war angesichts der vorherigen Blockaden naheliegend, hätte allerdings die Macht des Regierungschefs stark ausgeweitet. Die Opposition witterte die Gelegenheit, Renzi zu demontieren, seine innerparteilichen Feinde, die er zuvor teilweise öffentlich gedemütigt hatte, nutzten die Gelegenheit zur Rache, die Italiener lehnten die Reform schließlich mit fast sechzig Prozent ab.

Der zweite und tiefer gehende Grund von Renzis Niederlage war, dass die Sozial- und Arbeitsmarktreformen keine rasche Besserung brachten. Der Kern der Maßnahmen bestand aus einer Lockerung des Kündigungsschutzes, den die Gewerkschaften ebenso erbittert bekämpften wie ihre deutschen Kollegen die Hartz-Reformen. Damit sollten die Unternehmen motiviert werden, mehr neue Mitarbeiter einzustellen, die sie nach Bedarf wieder entlassen konnten. Die Erwartung erfüllte sich ein Stück weit, doch in strukturschwachen Regionen brachte die Liberalisierung des Arbeitsmarkts so gut wie nichts, die Jugendarbeitslosigkeit sank nur langsam, außerdem waren die meisten neuen Stellen befristet und weiterhin miserabel bezahlt. Etwas abstrakter betrachtet könnte man auch sagen, dass die politische Pendelbewegung nach dem Ende des Berlusconismo aufgrund der Großen Koalition schwach ausfiel und dann in den Niederungen der italienischen Innenpolitik stecken blieb.

Der dritte Grund für das Scheitern Renzis war die Untätigkeit der EU und ihrer Führungsmacht Deutschland. Durch die Krise hatte die Bundesrepublik innerhalb der EU und der Eurozone eine nie dagewesene Machtposition erworben. Doch die Wirtschaftspolitik von Angela Merkel war auf europäischer Ebene darauf fokussiert, ständig die Einhaltung der Defizitgrenzen für den Euro anzumahnen. Das war das moderne Äquivalent zum Goldstandard, über den Polanyi mit Blick auf das 19. Jahrhundert und die zwanziger Jahre so ausführlich schreibt. In Deutschland sorgte die Große Koalition obendrein dafür, dass die »Schuldenbremse« bzw. ein ausgeglichener Haushalt in der Verfassung festgeschrieben wurde. Was in der deutschen Debatte unterging, war die Tatsache, dass die große Krise als Spekulationskrise begann – an der deutsche Banken erheblich mitgewirkt hatten – und nicht als staatliche Schulden- und Budgetkrise. Diese folgte erst im Zug der Eurokrise, von der die Bundesrepublik indirekt profitierte. Aufgrund des wachsenden Zinsabstands zu den südeuropäischen Staaten konnte der Bund seine Staatsanleihen zu immer besseren Konditionen ausgeben. Obwohl man ein Investitionsprogramm für die lange vernachlässigte Infrastruktur (daher die vielen Verspätungen bei der Bahn, die maroden Autobahnbrücken und das langsame Internet auf dem Land) so günstig hätte finanzieren können wie selten zuvor, setzte die Bundesregierung alles auf eine schwarze Null und den Abbau von Schulden.

Für diesen Fiskalkonservatismus könnte man auf den ersten Blick Italien als Argument anführen. Die Nachwirkungen des bis Mitte der Neunziger angehäuften Schuldenbergs waren fatal, er ist einer der Gründe für die seitdem andauernde Stagnation und den speziellen Verlauf der großen Krise. Wie schwer es ist, aus einer Schuldenfalle zu entkommen, lässt sich schon allein daran ermessen, dass seit 1992 alle italienischen Staatshaushalte vor Zinszahlungen einen Primärüberschuss aufwiesen (mit Ausnahme des Krisenjahres 2009 und Ausschlägen nach unten, als Berlusconi regierte) und dennoch die Gesamthöhe der Schulden absolut und in Relation zum BIP immer weiter anstieg.[33] Davon profitierte neben den institutionellen Anlegern die obere Mittelschicht Italiens, die vermögend genug war, die gut verzinsten Staatsanleihen zu kaufen. Insofern könnte man ein egalitäres Argument gegen eine Schuldenpolitik anführen, da diese massiv zur sozialen Ungleichheit beiträgt.[34]

Wie erwähnt führt der Fiskalismus, der alleinige Fokus auf die Staatsschulden, allerdings auch nicht mehr weiter und hatte nicht intendierte Folgen. Ab 2009 war an eine Reduktion der italienischen Staatsschulden nicht mehr zu denken, sie schnellten wegen der durch die Sparpolitik verschärften Rezession bis 2013 auf über 130 Prozent des BIP. Demzufolge ist das schwache Wachstum das eigentliche Problem, nicht der hohe Schuldenstand per se. Renzi lehnte es folgerichtig ab, die harte Austeritätspolitik von Monti fortzuführen, und schöpfte die Defizitgrenze von drei Prozent möglichst weit aus, um das Wirtschaftswachstum anzukurbeln. Ähnlich wie in Deutschland in den ersten Jahren nach den Hartz-Reformen zeichnete sich jedoch schon 2015 ab, dass die ökonomische Erholung schleppend verlief.

In diesem Moment – es war allerdings kein polanyischer – hätten die europäischen Partner Italien beispringen müssen. Die EU-Kommission versuchte das durch den sogenannten Juncker-Plan, doch der bestand letztlich nur aus Investitionsgarantien in Höhe von 21 Milliarden Euro, die eine Hebelwirkung auf tatsächliche Investitionen ausüben sollten. Diese Finanzialisierung wirkte, wenig überraschend, im Norden der EU besser als im Süden, wo die Banken noch die präzedenzlose Welle an Firmenpleiten und Kreditausfällen verdauen mussten.[35] Die Europäische Zentralbank unterstützte Italien effektiver, durch den Ankauf italienischer Staatsanleihen hielt der EZB-Präsident Mario Draghi deren Verzinsung niedrig, was indirekt das Staatsbudget seines Heimatlandes entlastete.

Warum haben die europäischen Partnerländer (hierbei ist das konstruktivere Wirken der Kommission von der Zusammenarbeit auf zwischenstaatlicher Ebene zu unterscheiden) und vor allem die Bundesrepublik der italienischen Reformregierung nicht entschlossener geholfen? Diese Frage können wohl erst die Historiker der Zukunft beantworten, wenn sie Zugang zu den entsprechenden Akten erhalten, oder Sozialwissenschaftler durch Experteninterviews. Meine eigenen Versuche, Antworten zu finden, führen auf das Glatteis kontrafaktischer Annahmen, und es ist nicht die Aufgabe der Geschichtswissenschaft, es im Nachhinein besser zu wissen. Prinzipiell kommt hier sicher eine ganze Reihe struktureller Faktoren ins Spiel. Einer davon ist die Bindung der Demokratie an die nationalstaatliche Öffentlichkeit. Man kann in Deutschland keine Wahlen gewinnen, indem man sich der Sorgen verzweifelter Italiener annimmt.

Im Gegenteil, im Zuge der Krise verstärkte sich der fiskalische Nationalismus, der Stolz auf die schwarze Null und die nachfolgenden Haushaltsüberschüsse. Dass diese zum Teil auf dem Spread beruhten, da die EU-Länder mit einer geringeren Bonität entsprechend höhere Zinsen bezahlten, fand bei den Verlierern dieses Geschäfts mehr Beachtung als bei ihrem großen Gewinner, der Bundesrepublik. Mit Blick auf die Geschichte seit dem Ausbruch des Ersten Weltkrieges erscheint es fast wie eine Gesetzmäßigkeit, dass im Augenblick von Krisen und Bedrohungen der Internationalismus versagt und sich der nationale Egoismus gegenüber der Solidarität durchsetzt. Doch wenn ein Land ökonomisch so stark vom globalen Freihandelsregime und der europäischen Integration abhängt wie die Bundesrepublik, hätte es rational, vielleicht sogar emotional nahegelegen, den Regierungen von Mario Monti (den Merkel persönlich schätzte) und dann von Renzi unter die Arme zu greifen.

Dazu hätte es viele Gelegenheiten gegeben, auf symbolischer Ebene, durch mehr Staats- und Parlamentarierbesuche, darüber hinaus durch Mittel für die Sanierung von Schulen, den Internetausbau, eine beschleunigte Umstellung auf Solarenergie – man kann die Liste lange fortsetzen. Ex post lässt sich nicht feststellen, wie viel ein stärkeres Engagement politisch gebracht hätte. Demagogen à la Salvini hätten vermutlich auch gut gemeinte Maßnahmen in ihr Gegenteil verdreht. Außerdem ist die nationale Selbstbezogenheit der italienischen Politik – abgesehen vom bangenden Starren auf »lo spread« und die internationalen Ratings – mindestens so groß wie in Deutschland. Die Machtkämpfe und Intrigen in Rom wurden seit je ohne Rücksicht auf das internationale Ansehen Italiens ausgefochten. Dennoch bleibt als Fazit, dass Angela Merkel und ihr Finanzminister Wolfgang Schäuble massiv dazu beitrugen, die traditionelle italienische Bewunderung für das wohlgeordnete Deutschland in Neid und Missgunst umzuwandeln.

Lange Zeit setzten die Anhänger der europäischen Integration große Hoffnungen auf die Bildung einer europäischen Öffentlichkeit. In der Tat berichten die Medien viel intensiver als früher über die Wahlkämpfe und politischen Entwicklungen in anderen EU-Ländern. Doch dabei steht die gegenseitige Abgrenzung im Vordergrund. Das betrifft nicht nur die sozialen Medien, sondern auch Qualitätszeitungen. Vom *Guardian* bis zur FAZ bestand die Berichterstattung über Italien 2018o/19 zu einem großen Teil aus der Wiedergabe von Salvinis Provokationen. Ähnlich wie Donald Trump teilt er diese bevorzugt über Twitter mit – für die Medien ist das billige, frei Haus gelieferte Ware. Ausgleichende Stimmen dringen noch weniger durch als in der Innenpolitik, was man nicht zuletzt an der internationalen Fixierung auf die Namen der Rechtspopulisten erkennen kann. Es klingt so banal, aber man muss es offenbar betonen: Salvini war und ist nur einer von vielen italienischen Politikern.

Gelegentlich haben deutsche Intellektuelle wie Ulrich Beck, Wolfgang Streeck und Jürgen Habermas ihre Stimme zugunsten der südlichen EU-Mitglieder erhoben, doch zu einer konstruktiveren Politik hat das nicht geführt. Das liegt vermutlich auch an der mangelnden Expertise in den Sozialwissenschaften, die wiederum damit zusammenhängt, dass seit Jahren Länder- und Regionalspezialisten bei Stellenbesetzungen kaum zum Zuge kommen, sondern vor allem vermeintliche Universalisten.[36] In der Geschichtswissenschaft existiert eine Nische für Osteuropa (in der ich meine Laufbahn begonnen habe), aber kaum für Südeuropa und Italien. Es gibt derzeit in Deutschland auch keinen einzigen Italiener, der als Professor der Geschichte berufen wurde. Insofern ist die mangelnde Solidarität mit dem niedergehenden Italien auch ein Problem des Wissenschaftssystems.

In Italien trägt das alles zu dem bisweilen selbstmitleidigen, insgesamt jedoch zutreffenden Eindruck bei, mit den drängendsten Problemen alleingelassen zu werden. Ab dem Annus horribilis 2016 war das die sogenannte »Flüchtlingskrise«. Als die EU bzw. de facto Angela Merkel ihr Flüchtlingsabkommen mit der Türkei abschloss, verlagerten sich die Flüchtlings- und Migrationsströme nach Italien. Die bis 2018 amtierende Mitte-links-Regierung bekam weder ausreichende finanzielle noch logistische Unterstützung und schloss dann 2017 notgedrungen ein Abkommen mit der libyschen Regierung und diversen Warlords, die Flüchtlinge und Migranten zurückhalten sollen. Deren Zahl sank wie beabsichtigt, aber der Eindruck von Hilflosigkeit, den Salvini im Wahlkampf von 2018 gnadenlos ausnutzte, blieb am PD haften. Dasselbe gilt für die Reformpolitik der Regierung Renzi, die mit Blick auf die Generationengerechtigkeit und die Chancengleichheit im Ansatz nicht verkehrt war, aber letztlich zu wenig neue Stellen brachte.

Unter der panpopulistischen Regierung verschlechterten sich die italienischen Wirtschaftsdaten dann wieder. Das Wachstum war in der zweiten Hälfte des Jahres 2018 negativ, während der Zinsabstand zu deutschen Staatsanleihen um fast zwei Prozent stieg. Im Spread sind die Sorgen um die Zukunft Italiens abgebildet, manchmal vielleicht spekulativ überzeichnet, dennoch nicht abgehoben von realen Veränderungen. 2013 kursierte kurz die Idee, die Krise durch eine in der gesamten Eurozone zu erhebende einmalige Vermögensabgabe in Höhe von zehn Prozent zu entschärfen, mit der die Staatsschuldenquote wieder unter die Schwelle von sechzig Prozent des BIP gedrückt werden sollte.[37] Auf ein ähnliches Instrument hatte die junge Bundesrepublik in der Nachkriegszeit im Rahmen des Lastenausgleichs für die Flüchtlinge und Vertriebenen gesetzt, prinzipiell wäre das auch in Italien denkbar. Der Vorschlag des IWF verschwand jedoch rasch wieder in der Versenkung. Die Gesamtverschuldung im Verhältnis zum BIP ist in Italien heute übrigens höher als nach dem Zweiten Weltkrieg. Mittelfristig muss es dafür jenseits der klassischen Entschuldungswege durch Inflation oder eine Währungsreform eine Lösung geben.

Aufgrund des fehlenden Vertrauens in die italienische Regierung stieg der Zinsabstand zu deutschen Staatsanleihen seit 2018 mit zeitweiligen Schwankungen auf etwa zwei Prozent. Da ständig auslaufende Anleihen refinanziert werden müssen, bedeutet das im Haushaltsjahr eine Mehrbelastung von etwa fünf Milliarden Euro, 2020 ist mit zusätzlichen (und vermeidbaren) Zinskosten von neun Milliarden zu rechnen.[38] Das ist mehr, als der Staat für das Reddito di cittadinanza ausgeben kann, die dafür eingeplanten Gelder sind auf den internationalen Finanzmärkten sozusagen verdampft. Damit stellt sich indirekt die Frage, inwieweit selbst ein mittelgroßer Industriestaat wie Italien heute noch souverän agieren kann. Das wiederum ist Wasser auf die Mühlen von Rechts- und Linksnationalisten.

Nach deren Logik ist stets jemand anderes an der eigenen Misere schuld, und da die anonymen Finanzmärkte schwer greifbar sind, muss jetzt die EU als Sündenbock herhalten. Es kann durchaus sein, dass diese Leier sich eines Tages abgenutzt haben wird. Klar ist hingegen, dass in der Konkurrenz unter den Populisten der Antikapitalismus weniger zieht als der Rechtsnationalismus. Bei den Europawahlen von 2019 schnitt das Movimento Cinque Stelle miserabel ab, während die Lega mit Salvini 35 Prozent erreichte. Im August ließ Salvini dann die Regierung platzen, um schnelle Neuwahlen zu provozieren. Damit stellte er sich selbst ins Abseits, denn stattdessen kam es zu einer Koalition der Linkspopulisten mit dem Partito Democratico. Doch wie stabil und kreativ diese Koalition sein wird, muss sich erst erweisen. Ein schlechtes Zeichen für den Start war, dass Matteo Renzi mit seinen Unterstützern aus dem PD austrat, um eine eigene zentristische Partei zu gründen. Das mag mit Blick auf die politische Landschaft und die Schwäche der Mitte-rechts-Parteien ein geschickter Schachzug sein, aber Renzi ist nach wie vor unpopulär und hat nach diesem Manöver noch mehr den Ruf, ein Egozentriker zu sein, als zuvor. Das zweite und größere Problem ist die in ganz Europa schwächelnde Wirtschaft. Eine Rezession in der EU würde Italien und sein Staatsbudget hart treffen und könnte die linke Koalition zu unpopulären Maßnahmen zwingen. Insofern braucht Salvini, wie Berlusconi um die Jahrtausendwende, vielleicht nur zu warten, bis ihm die Macht fast in den Schoß fällt.

Das polanyische Pendel hat im krisengeschüttelten Italien schon mehrfach zuvor nach rechts und nicht nach links ausgeschlagen. Polanyi befasste sich in seinem Buch zur großen Transformation so gut wie gar nicht mit Italien; ich vermute deshalb, weil er das Land im Rahmen des globalen Kapitalismus als zu peripher empfand. Rein wirtschaftlich ist Italien trotz seines Niedergangs seit den Neunzigern für die EU keineswegs peripher. Aufgrund der gemeinsamen Währung bestimmt seine Entwicklung über die Zukunft der EU und Deutschlands mit. Insofern gibt es allen Grund, die Geschicke des Landes auch nördlich der Alpen sehr aufmerksam zu verfolgen und, soweit möglich, konstruktiv mitzugestalten.

5. Der Westen, Russland und die Türkei: Geschichte einer Entfremdung

Das Militärmuseum in Istanbul ist eine Oase der Ruhe in der 15-Millionen-Einwohner-Metropole. Es liegt nur ein paar Minuten vom verkehrsumtosten Taksim-Platz entfernt, dem Zentrum der Stadt, der säkularen Republik Türkei und der Protestbewegung gegen Präsident Recep Tayyip Erdoğan im Jahr 2013. Im Garten der ehemaligen osmanischen Militärakademie stehen große Zedern, Palmen, Rosensträucher und schweigende Kanonen. Jeden Nachmittag wird die Stille jedoch von der Mehter-Kapelle unterbrochen, die in historisierenden Gewändern traditionelle osmanische Militärmusik spielt. Die Märsche mit den großen Pauken und den durchdringenden Klängen der Zurna (eine Flöte mit Doppelrohrblatt und somit eine Verwandte der Oboe) haben vom 15. bis zum 18. Jahrhundert halb Europa in Angst und Schrecken versetzt, das Gleiche gilt für die osmanische Kavallerie und Artillerie. Wer die Musik der Mehter-Kapelle hört, versteht sofort, warum Haydn und Mozart davon fasziniert waren und diese Klänge in der »Symphonie mit dem Paukenschlag« und dem »Rondo alla Turca« verewigten.

In meiner Kindheit in den späten siebziger Jahren (meine Eltern gingen aus beruflichen Gründen einige Jahre in die Türkei) führten die Wärter des Militärmuseums oft eine politisch-historische Begleitmusik auf. Sie leiteten die nicht sehr zahlreichen Touristen (wenn Familienbesuch in das Museum ging, schloss ich mich immer begeistert an) ungefragt zu den Räumen, in denen Exponate zu den Schlachten des Ersten Weltkriegs ausgestellt waren. Dort drückten die Wärter das blonde Kind an sich, klopften den Besuchern auf die Schultern und sagten mit strahlender Miene in einer Art Ausländertürkisch »Türkiye – Almanya – Arkadaş« (Türkei – Deutschland – Freund). Sie spielten damit auf die Waffenbrüderschaft des Deutschen und des Osmanischen Reiches sowie auf die Schlacht von Gallipoli an, wo die osmanische Armee mit deutscher Hilfe den britischen Angriff auf die Dardanellen und die Hauptstadt Istanbul abwehrte. Gallipoli war eine der Entscheidungsschlachten des Ersten Weltkrieges; wäre sie anders ausgegangen, würde Istanbul heute vielleicht Konstantinopel heißen und wäre griechisch. Daher war das Bündnis zwischen dem Kaiser und dem Sultan jedem halbwegs gebildeten Türken bekannt.

Die historische Waffenbrüderschaft untermauerte die Ausrichtung auf Europa und Deutschland, wo in den späten Siebzigern bereits zwei Millionen türkische Gastarbeiter lebten. Sie brachten Waschmaschinen, Fernseher und Autos mit in die alte Heimat – Symbole des Wohlstands und des Fortschritts. Die *almancı* (dem Wortsinn nach »Deutschlinge«) galten als neureich und waren nicht sonderlich beliebt, aber ihr Wohlstand verstärkte nochmals die Bewunderung für das ferne *Almanya*. Sie war in der ganzen Türkei spürbar, auch auf dem Land, und führte in Kombination mit der traditionellen Gastfreundschaft zu unzähligen privaten Einladungen.

Der Kult um das Militär und der ausgeprägte Nationalstolz (jeden Freitagmittag wurde nach der letzten Schulstunde die Nationalhymne gesungen; dieses Ritual ersetzte zugleich das islamische Freitagsgebet) waren meiner Familie suspekt. Das hing mit dem Nationalsozialismus und dem Zweiten Weltkrieg zusammen. In der Türkei gab es keinen derartigen Bruch mit der eigenen Geschichte, weil sie die Lehren aus dem Ersten Weltkrieg gezogen hatte und im Zweiten neutral geblieben war. Die konsequente Vermeidung von Revanchismus gehört zu den großen Leistungen der von Atatürk gegründeten Republik, die im Vergleich zur Weimarer Republik umso deutlicher wird.

Die erfolgreich gewahrte Neutralität stärkte indirekt die Machtposition des türkischen Militärs, das jedoch 1946 dem Übergang zur Demokratie zustimmte. Das neue Wahlrecht brachte ein Vielparteiensystem, 1950 nahmen die Militärs die Niederlage der bis dahin regierenden Staatspartei CHP hin, so dass es zu einem friedlichen Machtwechsel kam (die Republikanische Volkspartei existiert bis heute und bildet derzeit die stärkste Opposition gegen Präsident Erdoğan). Neben Italien und dem instabilen Griechenland war die Türkei damit in der frühen Nachkriegszeit die einzige Demokratie im südlichen Europa. Die weitere Demokratisierung verlief jedoch weniger glatt, 1960 und 1971 putschte das Militär, weil es die säkulare Ordnung oder die eigene Machtposition gefährdet sah.[1] Bald nach diesen Besuchen im Militärmuseum zeigte die türkische Armee einmal mehr ihre Zähne. 1979 forderten bürgerkriegsartige Unruhen zwischen Links- und Rechtsextremisten mehr als 3000 Todesopfer,[2] auf dem Taksim kam es immer wieder zu Schießereien. Die Schüsse konnte ich manchmal nahe dem Schulweg hören. Die Eltern einiger Schulfreunde waren daher fast erleichtert, als das Militär 1980 erneut die Macht an sich riss und die öffentliche Ordnung wiederherstellte. Zu den Maßnahmen, mit denen sich die Armee beliebt machte, gehörte die Beseitigung wild lebender Katzen und Hunde, die ebenfalls ein Resultat der zunehmenden Anarchie waren. Aus Tischgesprächen mit Türken und aus deutschen Zeitungen wussten wir jedoch auch, wie brutal die Militärs gegen Linksintellektuelle, kurdische Aktivisten und andere Oppositionelle vorgingen. Tausende Menschen wurden verhaftet und ins Gefängnis geworfen, wie 2016 nach dem Gegenputsch von Erdoğan.

Die Bundesregierung unter Kanzler Helmut Schmidt reagierte auf die entsprechend steigenden Asylanträge, 1980 waren es gut 50 000, indem sie eine Visumspflicht für Türken einführte. Das war kein Bekenntnis zur Demokratie in der Türkei und nebenbei ein Bruch des Assoziierungsabkommens mit der EWG von 1963 und des Zusatzprotokolls vom November 1970.[3] Darin war der Türkei zugesagt worden, dass zwischen zwölf und 22 Jahren nach Inkrafttreten des Abkommens – der späteste Zeitpunkt war demnach 1986 – türkische Staatsbürger sich frei in der EG würden niederlassen dürfen.

Die Türkei hatte 1963 dreißig Millionen Einwohner (aktuell sind es 82 Millionen), insofern erschien die potenzielle Zuwanderung zu diesem Zeitpunkt offenbar als verkraftbar. Es ging bei der Assoziierung und den damit verbundenen Zusagen darum, den Nato-Staat, dessen strategische Bedeutung damals so groß war wie heute, enger an den Westen und die EG zu binden. Die türkische Regierung – das Militär gab die Macht nach dem Staatsstreich von 1980 wie zuvor bald an Zivilisten ab – prangerte den Vertragsbruch an. Doch das bewirkte ebenso wenig wie die Proteste nach der Jahrtausendwende, als 2004 erst Zypern und 2007 Bulgarien und Rumänien an der Türkei vorbeizogen und Mitglieder der EU wurden, obwohl die beiden letztgenannten Länder gemessen am BIP pro Kopf ärmer waren und die Türkei eine weit längere Tradition als Marktwirtschaft vorzuweisen hatte. 2016 ergab sich durch das von Angela Merkel eingefädelte Flüchtlingsabkommen der EU mit der Türkei (das Erdoğan innenpolitisch sehr genutzt hat) erneut die Chance einer Annäherung. Die EU hielt sich jedoch nicht an die Zusage, die Visumspflicht abzuschaffen; möglicherweise wegen der Furcht vor einer Massenzuwanderung, aber dagegen hätte man sich vertraglich absichern können.

Diese wiederholte Zurücksetzung und der Bruch von Versprechungen sind bereits eine erste Antwort auf die Frage, warum der Westen die Türkei verloren hat und dies vermutlich auch so wäre, wenn dort ein anderer Präsident als Recep Tayyip Erdoğan regieren würde. Russland hat sich bekanntlich ebenfalls vom Westen abgewandt, so dass die Geschichte im Osten Europas bis auf Weiteres ganz anders geendet hat als 1989 vorhergesagt. Damals und noch rund um die Jahrtausendwende herrschte im Westen die Erwartung vor, dass sich Russland und die Türkei freiwillig verwestlichen und sich Schritt für Schritt in liberale Demokratien und freie Marktwirtschaften verwandeln würden. Sogar gegenüber China gab es eine ähnliche Erwartung, wenngleich etwas abgeschwächt. Dort war die Hoffnung, dass sich das Land im Zuge der Globalisierung und des wachsenden Wohlstands »liberalisieren« würde. Daher war es auch völlig selbstverständlich, dass die EU gegenüber ihren östlichen Nachbarn wirtschaftlich und politisch den Ton angeben und, sofern sie Mitglieder der Union werden wollten, die Beitrittskriterien allein bestimmen konnte. Umso größer ist jetzt das Unverständnis dafür, dass Russland und die Türkei eigene Wege gehen wollen und ein universelles westliches Modernisierungsmodell ablehnen. Gerade weil die Hegemonie des Westens bis zur großen Krise von 2008/09 so stark war, ist es wiederum logisch, sie polemisch abzulehnen und zu bekämpfen. Putin führte das in seiner berühmten Brandrede auf der Münchner Sicherheitskonferenz von 2007 vor, Erdoğan macht es ihm mit seinen diversen verbalen Ausfällen nach.

Dass Putin und Erdoğan die EU und den liberalen Westen insgesamt schlechtreden, beruht jedoch auch auf innenpolitischem Kalkül. Die beiden autoritären Präsidenten sind auf nationalistische Feindbilder angewiesen, nur so können sie von den massiven sozialen und politischen Problemen in ihren eigenen Ländern ablenken. Russland stagniert seit der großen Krise von 2009 wirtschaftlich, die Türkei ist 2019 in eine Rezession abgerutscht und litt schon zuvor unter einer starken Abwertung der Lira, steigender Inflation und sinkenden Realeinkommen. Aufgrund der jüngsten wirtschaftlichen Entwicklungen könnte man demnach schlussfolgern, dass sich der scheinbar defensive, bei näherer Betrachtung höchst aggressive Nationalismus nicht »rechnet«. Doch dabei geht es nicht nur um materielle Gesichtspunkte oder ein rationales Kalkül, sondern um verletzte Eitelkeiten, Komplexe und um eine handfeste Machtprobe. Dem hat die EU derzeit wenig entgegenzusetzen. Dazu bedürfte es eines größeren Vertrauens in die eigenen Stärken, in das ideelle Projekt Europa und seine Anziehungskraft.

Wenngleich sich für die Türkei und Russland ein Primat der Innenpolitik konstatieren lässt, impliziert die nahezu zeitgleiche Abwendung, dass es nicht nur an diesen beiden Ländern gelegen haben kann, sondern es einen Zusammenhang mit der westlichen und insbesondere der deutschen Politik gibt. Insofern lohnt es sich, einem Leitgedanken dieses Buches entsprechend, einmal mehr, vor der eigenen Haustür zu kehren. Das führt weiter, als mit dem Finger auf andere zu zeigen, denn zweifelsohne dient die Abgrenzung von Putin und Erdoğan auch der politischen Selbstvergewisserung in der Bundesrepublik und anderen europäischen Ländern.

Für Deutschland haben die Beziehungen zur Türkei und zu Russland nicht zuletzt deshalb eine große Bedeutung, weil mindestens fünf Millionen Einwohner der Bundesrepublik aus diesen beiden Ländern stammen und zum Teil immer noch türkische oder russische Staatsbürger sind.[4] Eine kritische Rückschau auf die beiden Beziehungsgeschichten ist daher zugleich ein Beitrag dazu, mit diesen Bevölkerungsgruppen ein gutes Auskommen zu finden und Einflussnahmen von außen zu beschränken.

Die Formulierung »von außen« ist schnell geschrieben, trifft jedoch indirekt eine Aussage darüber, was als innen oder eigen verstanden wird. Seit der Erweiterung der EU im Jahr 2004 ist es in den westlichen Medien und manchmal sogar in der Wissenschaft Usus geworden, Europa und die Europäische Union gleichzusetzen. Das hat seine Entsprechung in Russland und der Türkei, wo über »Evropa« bzw. »Avrupa« seit den Neunzigern immer mehr so geschrieben wurde, als läge es irgendwo anders. Ähnlich in England – insofern hat der Brexit eine längere Vorgeschichte im »Mental Mapping« der Insel und des Kontinents.

Diese Distanz ist da wie dort nicht neu, russische Intellektuelle hatten seit dem 19. Jahrhundert eine ambivalente Einstellung gegenüber dem oft bewunderten, manchmal auch verachteten westlichen Europa. Dennoch stellten sie die Zugehörigkeit zu Europa nicht grundsätzlich infrage; die Eurasierbewegung, die Russland als eigene Zivilisation betrachtet, bildete sich bezeichnenderweise im Exil der zwanziger Jahre, nicht in Russland bzw. der jungen Sowjetunion. Die Ausrichtung auf Europa überstand den Kalten Krieg, Gorbatschow sprach Ende der Achtziger bei seinen Bemühungen um eine neue Détente stets vom »gemeinsamen Haus Europa«.

Doch diese Zeiten sind lange vorbei, Putin hat die EU zum Feind erklärt, die Regierung fördert die neuen Eurasier im eigenen Land und damit die intellektuelle Absetzbewegung. Laut Umfragen ist nur noch knapp die Hälfte der Russen der Meinung, Russland gehöre zu Europa. Deutlich mehr als die Hälfte der Deutschen teilt diese Ansicht, allerdings ebenso wie die Russen überwiegend aus geografischen Gründen, nicht mit Blick auf kulturelle Gemeinsamkeiten.[5] Insofern hat die Zeit nach 1989 zur Beseitigung innereuropäischer Mauern und Grenzen geführt, aber auch zu einem Auseinanderdriften Europas in seiner Gesamtheit.

Was würden vergleichbare Umfragen über die Türkei ergeben? Die meisten Europäer wissen vermutlich, dass ein kleiner Teil des türkischen Territoriums und der Großteil von Istanbul auf dem europäischen Kontinent liegen. Doch die Zugehörigkeit der Türkei zu Europa wird in Deutschland ebenso abgelehnt wie eine EU-Mitgliedschaft des Landes. Diese Wahrnehmung Europas und seiner Grenzen ist kulturell verfestigt. Daran haben die Geisteswissenschaften keinen geringen Anteil: Fast alle größeren historischen Fakultäten an deutschen und österreichischen Universitäten haben eine Professur für Osteuropäische Geschichte; dagegen wird die Geschichte des Osmanischen Reiches und der Türkei fast immer an philologischen Fakultäten behandelt.[6] Auf den ersten Blick lässt sich wenig gegen diese Zuordnung einwenden; da wie dort befassen sich Experten mit den jeweiligen Ländern, außerdem kann die Zugehörigkeit zu den Philologien für den Spracherwerb von Nutzen sein. Doch diese Zuordnung zu unterschiedlichen Fakultäten ist zugleich Ausdruck einer Hierarchie: Europäische Länder inklusive Russland haben eine Geschichte, außereuropäische Kulturen – das betrifft China und Indien bzw. die Sinologie und die Indologie genauso wie die Turkologie und die Osmanistik – hingegen nicht.

Bis heute wird in Ungarn, Rumänien, Serbien, Bulgarien und Griechenland die osmanische Herrschaft obendrein als »türkisches Joch« erinnert und darüber hinweggesehen, dass zum Teil die eigenen Eliten die Osmanen ins Land riefen (so etwa nach 1526 ein Teil des ungarischen Adels, um die Herrschaft der gegenreformatorischen Habsburger zu verhindern). Historiker und Intellektuelle aus diesen Ländern haben dazu beigetragen, dass im gesamten Westen das Osmanische Reich und die Türkei ex post aus Europa hinausdefiniert wurden.[7]

Im 19. und 20. Jahrhundert war dies zugleich Ausdruck des europäischen Orientalismus, der den Orient gezielt verfremdet und abwertet. Im Kalten Krieg geschah das auch gegenüber der Sowjetunion, etwa als Adenauer von den »asiatischen Horden« und dem »asiatischen Russland« sprach.[8] Doch sowjetische Soldaten standen in der Nachkriegszeit an der Elbe und im Böhmerwald. Die Zugehörigkeit der Sowjetunion und damit auch Russlands zu Europa war daher schwer zu bestreiten.

Das Osmanische Reich und die Türkei in der europäischen Geschichte

Dagegen war die Zuordnung des südöstlichen Europa zum Okzident oder Orient keineswegs so klar, wie sie heute wegen der EU-Mitgliedschaft Bulgariens und Rumäniens erscheinen mag. Als sich vor dem Ersten Weltkrieg die Konflikte zwischen den Großmächten und den südosteuropäischen Staaten um die osmanischen Gebiete auf der Balkanhalbinsel zuspitzten, sprachen britische, französische und deutsche Experten von der »orientalischen Frage«. Der Orient lag demnach näher als heute und schloss Teile Südosteuropas ein.[9] Um zu eruieren, inwieweit das Osmanische Reich als ein Bestandteil der europäischen Geschichte betrachtet werden kann, muss man jedoch weiter in der Historie zurückgehen.

Als in Wien tätiger Historiker fällt man dabei unweigerlich auf die beiden Belagerungen von 1529 und 1683 zurück, die identitätsstiftend waren und im Stadtbild präsent sind, etwa dem Türkenschanzpark im Bezirk Währing oder dem Leopoldsberg im Wienerwald, wo der Rettung Wiens durch die Polen gedacht wird. Die erste Belagerung war vor allem eine militärische Machtdemonstration und festigte die Herrschaft über Ungarn. Von dort aus expandierte das Osmanische Reich nach Nordosten und eroberte sogar Gebiete des frühneuzeitlichen Polen sowie sämtliche Küsten des Schwarzen Meeres. Angesichts dieser Ausdehnung steht außer Frage, dass es sich beim Osmanischen Reich um eines der großen europäischen Imperien handelte.

Nach dem Scheitern der zweiten Belagerung Wiens von 1683 und den Niederlagen in den darauf folgenden Türkenkriegen schrumpfte das Osmanische Reich sukzessive, blieb jedoch bis 1878 einer der größten Flächenstaaten in Europa. Als die unmittelbare Bedrohung vorbei war, nahm der kulturelle Austausch zu. Der Kaffee, Elemente des Kleidungsstils und der Musik wurden in Mittel- und Osteuropa aufgenommen und weiterverbreitet. Die Osmanen wiederum bestellten Maler und Musiker wie Giuseppe Donizetti (1788-1856), den Bruder des berühmten Opernkomponisten, an den Sultanshof.

Die Verwestlichung hatte Grenzen, es gelang den Osmanen zum Beispiel nie, ihre Eroberungen durch dynastische Verbindungen abzusichern. Das lag am konfessionellen Gegensatz zu den christlichen Dynastien und den Erbregeln am Sultanshof, wo es ab dem 15. Jahrhundert üblich war, dass der jeweilige Nachfolger auf dem Thron seine Brüder und mögliche Konkurrenten umbringen ließ. Diese Regelung verhinderte eine Zersplitterung des Reiches und Bürgerkriege, aber sie reduzierte die Möglichkeit, Kinder oder Cousins an andere europäische Herrschaftsgeschlechter zu verheiraten, wie es die Habsburger oder die Romanows praktizierten. Ob die Religion dem grundsätzlich entgegenstand, ist umstritten; immerhin heiratete einer der frühen Osmanen Mitte des 14. Jahrhunderts die Tochter eines byzantinischen Kaisers.

Trotz der fehlenden familiären Verbindungen schlossen das Osmanische Reich und andere europäische Staaten mehrfach Bündnisse ab. Vor allem Frankreich paktierte mit der Hohen Pforte, um Kriege gegen die Habsburger zu führen. Die militärische Macht des Osmanischen Reiches verfiel jedoch im 18. Jahrhundert, so dass es seinen Status im Konzert der Großmächte verlor. Beim Wiener Kongress von 1815 saßen weder der Sultan noch seine Abgesandten mit am Verhandlungstisch. Je mehr das Osmanische Reich schwächelte, umso mehr wurde es zu einem Bestandteil der Gleichgewichtspolitik und somit erneut der europäischen Geschichte. Die Rivalität zwischen Österreich-Ungarn und Russland auf dem Balkan und der regionale Imperialismus der südosteuropäischen Nationalstaaten führten schließlich zum Ausbruch des Ersten Weltkrieges.

Das Osmanische Reich gehörte zu den Verliererstaaten und sollte gemäß dem Vertrag von Sèvres (einem der Pariser Vorortverträge) aufgeteilt werden und nur noch als kleiner Rumpfstaat in Anatolien weiterexistieren. Im Prinzip ist das mit dem Schicksal Ungarns nach dem Vertrag von Trianon vergleichbar, allerdings kam ein kolonialistisches Element hinzu. Die türkische Nation wehrte sich jedoch gegen die Unterwerfung durch die europäischen Kolonialmächte. Die Reste der osmanischen Armee formierten sich unter dem Kommando von Kemal Pascha, dem späteren Atatürk, neu und besiegten die griechische Armee, die 1919 mit britischer Unterstützung in Kleinasien einmarschiert war. Die anschließende Vertreibung und Zwangsaussiedlung aller Christen aus Anatolien setzte den Genozid an den Armeniern und den assyrischen Christen von 1915/16 fort, wurde aber im Abkommen von Lausanne 1923 durch den Völkerbund als »Austausch von Minderheiten« sanktioniert. Gemäß diesem Abkommen, das einen fatalen Präzedenzfall für andere ethnisch gemischte Regionen in Europa setzte, sollten alle Christen die Türkei verlassen und im Gegenzug alle Muslime Griechenland. Nur für Westthrakien und Istanbul gab es Ausnahmen.

Westliche Medien und Politiker warfen das mit den Vertreibungen verbundene Leid einmal mehr »den Türken« als Kollektiv vor. Die Idee, ganze Staaten flächendeckend zu homogenisieren, ging jedoch auf mittel- und westeuropäische Intellektuelle und Experten zurück und wurde in Lausanne auch vom britischen Außenminister und Verhandlungsführer Lord Curzon propagiert. Der homogene Nationalstaat entsprach den damaligen europäischen Idealvorstellungen. Frankreich, Italien und alle anderen westlichen Siegerstaaten weigerten sich in den Pariser Vorortverträgen freilich, sich selbst zu dem Minderheitenschutz zu bekennen, den sie den neu gegründeten oder erweiterten osteuropäischen Nationalstaaten abverlangten.

Die gewaltsame Nationalstaatsgründung der Türkei nach dem Ersten Weltkrieg (der im östlichen Europa mit all seinen Nachfolgekonflikten erst Anfang der zwanziger Jahre endete) folgte einem breiteren europäischen Muster. Die Gründung und Expansion der südosteuropäischen Nationalstaaten im 19. Jahrhundert beruhte ebenfalls auf der Verfolgung und Vertreibung von Minderheiten, allen voran »der Türken«. Unter diesem Begriff wurden die Muslime ungeachtet ihrer Nationalität zusammengefasst, auch das war ein Ausfluss des europäischen Orientalismus. Erdoğan und die Ideologen der AKP versuchen, den Genozid an den Armeniern, den sie reflexhaft leugnen, gegen die Vertreibung von Muslimen aus Südosteuropa aufzurechnen. Einen Zusammenhang gibt es tatsächlich: Die Führung der Jungtürken, die während des

Weltkriegs den Genozid organisierten, entstammte größtenteils Familien, die zuvor aus dem europäischen Teil des Reiches vertrieben wurden. Diese Traumatisierung kann den Genozid in keiner Weise entschuldigen, aber sie erklärt zumindest einen Teil der abstoßenden, von den Zeitgenossen dem Orient oder »den Türken« zugeschriebenen Gewalt. Ein Bekenntnis zu den Fehlern der europäischen Moderne hätte es in der Zeit der Annäherung an die EU vielleicht erlaubt, diesen Streitpunkt mit der Türkei aus der Welt zu schaffen.

Die gewaltsame Nationalstaatsgründung ermöglichte weitreichende Reformen. Atatürk setzte dabei eine längere Tradition fort, die letztlich auf die europäische Aufklärung zurückgeht. Im mittleren Drittel des 19. Jahrhunderts veranlassten die beiden Sultane Abdülmecid (1839-1861) und Abdülaziz (1861-1876) die Tanzimat-Reformen, die die Verwaltung, vor allem das Steuerwesen und die Wirtschaft, des »kranken Manns am Bosporus« (dieser Begriff stammt auch aus dieser Zeit) auf einen westlichen Stand bringen sollten. Diese Reformen scheiterten letztlich, weil das Osmanische Reich wiederholt von außen angegriffen wurde, die europäischen Großmächte sich immer mehr in seine inneren Angelegenheiten einmischten und nach dem Staatsbankrott von 1876 die Mittel für eine durchgreifende Modernisierung der Verwaltung fehlten. Hinzu kam die Überlastung durch insgesamt etwa vier Millionen Flüchtlinge aus dem Kaukasus und dem Balkan, wobei die Tradition der Aufnahme vielleicht mit erklärt, warum die Türkei den Zustrom von mehr als drei Millionen Syrern weitgehend klaglos hingenommen hat.

Statt auf Reformen setzte Sultan Abdülhamid II. (1876-1909) auf eine autokratische Herrschaft und den Islam als einigendes Band. Der fromme Monarch schloss das 1876 einberufene Parlament, ließ Gegner durch die Polizei und Spitzel verfolgen und bekämpfte westliche Einflüsse (Präsident

Erdoğan verehrt Abdülhamid II. und lässt ihn in aufwändig produzierten Fernsehserien des Staatssenders TRT feiern). Die Islamisierung und die wiederholten Unruhen im Osmanischen Reich bestätigten die bereits vorhandenen orientalistischen Vorurteile über das »türkische Joch«. Die Autokratie und deren religiöse Legitimierung waren indes kein Spezifikum des Osmanischen Reiches, das Russische Reich entwickelte sich unter dem letzten Zaren Nikolaus II. in eine ähnliche Richtung. Zunehmende Gewalt, Konflikte zwischen verschiedenen Ethnien und Religionsgemeinschaften sowie Korruption waren die Folge.

In beiden Ländern führte dies zu einer Kette an Revolutionen, die zunächst noch auf Reformen ausgelegt waren (1905 und im Februar 1917 im Russischen Reich, 1908 im Osmanischen), später jedoch in einem vollständigen Umsturz endeten (durch die Oktoberrevolution von 1917 und den anschließenden Bürgerkrieg bzw. die Gründung der Republik Türkei von 1923). Die Bolschewiki sympathisierten anfangs mit den türkischen Republikanern und sandten in einer kritischen Phase des Befreiungskriegs Waffen und Geld. Insofern gibt es nicht nur Ähnlichkeiten, sondern auch Verbindungen zwischen diesen beiden Wegen der europäischen Geschichte. Die republikanisch-nationale Revolution war nachhaltiger, die Türkei gibt es heute noch, die Sowjetunion zerfiel 1991.

Die Republik Türkei wurde als Demokratie gegründet, war in ihren ersten zwei Jahrzehnten jedoch eine Entwicklungsdiktatur. Nur so ließen sich die mutigen Reformen Atatürks durchsetzen, die von der Abschaffung des Kalifats (sonst wäre heute Istanbul das Rom der Muslime, das wollte der Staatschef nicht), einer Reform der Schrift bis zu Bekleidungsvorschriften reichten. Vor allem gegen nationale Minderheiten setzte die junge Republik rücksichtslose Gewalt ein, doch diese verblasst im Vergleich zur Sowjetunion, wo der Kollektivierung und dem großen Terror Ende der dreißiger Jahre etwa sechs Millionen Menschen zum Opfer fielen. Beide Staaten waren Vorreiter bei der Gleichberechtigung von Frauen, in der Türkei erhielten sie 1930 das aktive und passive Wahlrecht auf kommunaler, 1934 auf nationaler Ebene. Es dauerte noch zehn Jahre, bis Frankreich, als Republik das große Vorbild der Türkei, Frauen das allgemeine Wahlrecht zugestand, noch etwas länger bei den südosteuropäischen Nachbarstaaten.

Angesichts dieser Entwicklung war es nur folgerichtig, die Türkei nach dem Zweiten Weltkrieg stärker an den demokratischen Westen anzubinden. Die Republik erhielt Hilfsmittel aus dem Marshallplan, trat 1952 zeitgleich mit Griechenland der Nato bei und schloss 1963 das bereits erwähnte Assoziierungsabkommen mit der EWG ab. Vor diesem Hintergrund lassen sich die Erwartungen an eine Aufnahme in die EG bzw. dann die EU verstehen und die entsprechende Enttäuschung, immer wieder übergangen zu werden. Auch diese Entwicklung erfolgte in Schritten, durch die angesprochene Einführung einer Visumspflicht (Schmidt äußerte damals in internen Beratungen, die Bundesrepublik »dürfe keine türkische Provinz«[10] werden), die Verletzung des Assoziierungsvertrags im Jahr 1986 und die wiederholte Rückreihung bei den EU-Erweiterungen von 1995, 2004 und 2007. Die Aufnahme von Beitrittsverhandlungen Ende 1999 nährte neue Hoffnungen, endete jedoch wieder mit einer Enttäuschung.

Just in dem Moment, als die EU Rumänien und Bulgarien aufnahm, deklarierte der französische Präsident Sarkozy, die Türkei gehöre nicht zu Europa.[11] In der EU war das eine Schlagzeile für einen Tag, in Ankara und Istanbul erweckte die Aussage den Eindruck, dass man sich noch so sehr westlichen Vorgaben und Werten anpassen kann, aber doch nie zum exklusiven Club gehören wird. Sarkozys Äußerungen sind mit Blick auf die französische Innenpolitik erklärbar, denn die Aufnahme von immer neuen EU-Mitgliedern war in Frankreich unpopulär, außerdem hatten die Franzosen 2005 mehrheitlich gegen die europäische Verfassung und somit gegen eine Vertiefung der Union gestimmt. Eine ehrliche Antwort auf das türkische Beitrittsbegehren wäre demnach gewesen, dass die EU ihrerseits auf absehbare Zeit nicht erweiterungsfähig ist.

Statt entsprechend bescheiden aufzutreten, setzte der französische Präsident auf Parolen, was einmal mehr belegt, dass die Grenzen zwischen Rechtspopulismus und Mainstream fließend sind (auf die Abgrenzung von der Türkei und speziell von Erdoğan setzten in den letzten Jahren unter anderen der niederländische Ministerpräsident Mark Rutte, diverse deutsche Politiker und in Österreich die ÖVP genauso wie die FPÖ). Gerade dann, wenn das Selbstbewusstsein einer Nation nicht so groß ist – was der staatlich propagierte Nationalismus in der Türkei letztlich nur verdecken soll –, können solche Äußerungen schlimme Wirkungen haben. Erdoğan wandte sich in den folgenden Jahren beleidigt von der EU ab und verlor das Interesse an einem Beitritt. Manche europäischen Politiker nahmen das anfangs erleichtert zur Kenntnis, doch die Rückwirkungen auf die innenpolitische Entwicklung der Türkei waren fatal.

Diese Beobachtungen sollen kein verspätetes Plädoyer für eine Aufnahme der Türkei in die Europäische Union sein. Abgesehen von der diktatorischen Herrschaft Erdoğans und aller damit verbundenen politischen Probleme wäre die Aufnahme eines Landes, das in ein paar Jahren mehr Einwohner haben wird als jeder bisherige EU-Staat, schwer zu bewältigen. Die Union ist auf absehbare Zeit mit dem Brexit, den Spannungen nach der »Flüchtlingskrise«, der Rechtsstaatlichkeit in neuen Mitgliedsländern und demnächst mit der konfliktträchtigen Haushaltsplanung beschäftigt. Doch die mangelnde Aufnahmefähigkeit der Union ist ein Problem, das nichts mit demokratischen, politischen oder sonstigen Defiziten der Türkei zu tun hat.

In Deutschland hat das Fingerzeigen auf die Türkei außerdem zur Entfremdung zahlreicher Türken beigetragen, die meist schon in zweiter oder dritter Generation hier leben. Die begrenzte Integration hat viele Ursachen, sozioökonomisch waren die Gastarbeiter und ihre Nachfahren die großen Verlierer des Strukturwandels der deutschen Industrie seit den achtziger Jahren, der Produktionsverlagerungen nach Osteuropa seit den Neunzigern und nicht zuletzt der neuen Konkurrenz auf dem Arbeitsmarkt durch Ostdeutsche und Zuwanderer aus dem östlichen Europa. Die mangelnde soziale Durchlässigkeit des deutschen Bildungssystems hat die Probleme verschärft. (Als kleinen Beleg dazu darf ich die Beobachtung ergänzen, dass mir während meiner Tätigkeit am Fachbereich für Geschichts- und Kulturwissenschaften an der FU Berlin in den neunziger Jahren und nach der Jahrtausendwende kein einziger türkischer Student und keine türkische Studentin begegnet ist. In Fächern wie BWL und den Naturwissenschaften sind sie stärker vertreten, doch auch dort weit unter ihrem Anteil an der Berliner Bevölkerung. Ich erinnere mich auch noch, wie dankbar eine türkische Mutter und ihr Sohn waren, als sich zufällig ein Gespräch ergab und ich ihnen sagen konnte, wie man sich um einen Studienplatz bewirbt.) Selbstverständlich gibt es auch gruppenspezifische Ursachen für die Probleme auf dem Arbeitsmarkt und in den Schulen, darunter die Benachteiligung von Mädchen und Frauen, die in den Bildungsstatistiken klar erkennbar und nicht auf das deutsche Schulsystem zurückzuführen ist.[12]

Die deutsche Öffentlichkeit debattierte die komplexen Integrationsprobleme nach der Jahrtausendwende vor allem aus einem Anlass: Thilo Sarrazins Buch *Deutschland schafft sich ab*. Der ehemalige Berliner Finanzsenator besaß zwar keine fachlichen Kompetenzen, um sich über die in Deutschland lebenden Türken und andere (Post-)Migranten zu äußern, doch umso steiler waren seine Thesen. In der Substanz war Sarrazins Buch deterministisch, biologistisch und in seinen Aussagen über Türken und Muslime beleidigend. Die Rezeption des Buches in der deutschen Öffentlichkeit war zwar überwiegend negativ, aber das hat die Beleidigungen nicht aus der Welt geschafft.

Sarrazins Thesen waren indes nicht neu, schon im Jahr 2002 sprach der bekannteste deutsche Historiker der Nachkriegszeit, Hans-Ulrich Wehler, in mehreren Interviews und Artikeln von einem »Türkenproblem«. Er erinnerte an die Türkenkriege als »Inkarnation der Gegnerschaft«, verknüpfte die Präsenz einer muslimischen Minderheit mit den Terroranschlägen vom 11. September 2001, schürte wie später Sarrazin demografische Ängste (weil die in Deutschland lebenden Türken so viele Kinder bekämen) und sprach den in Deutschland lebenden Türken die Integrationsfähigkeit ab.[13] Wie später Sarrazin setzte Wehler Türken mit Muslimen gleich. Dass nicht alle Menschen aus überwiegend islamischen Ländern unbedingt gläubig sein müssen, kam beiden nicht in den Sinn. Diese Gleichsetzung wirft die in Deutschland lebenden Türken (und analog dazu die seit 2015 angekommenen Flüchtlinge aus dem Nahen und Mittleren Osten) fast zwangsläufig auf den Islam zurück. Gewiss hat in der Türkei in den letzten zwanzig Jahren auf allen Ebenen eine Islamisierung stattgefunden, die auf die in Deutschland lebenden Türken zurückwirkt. Doch die Republik Türkei wurde von einem überzeugten Atheisten gegründet, was wiederum die derzeitige Regierungspartei AKP zum Anlass nimmt, Atatürk als Freimaurer, Trinker und unmoralischen Menschen zu verunglimpfen.

Ein Essay bietet nicht den nötigen Raum, um alle Debatten über die Türkei und die aus der Türkei stammenden Menschen zu vertiefen, die in Deutschland leben (neben den Religionslosen sind darunter zahlreiche Kurden und Alewiten). Gemäß diverser Umfragen und Studien gibt es unter den gut drei Millionen Türkeistämmigen einen großen Unterschied zwischen der hohen individuellen Lebenszufriedenheit und dem Gefühl, von der Mehrheitsgesellschaft nicht akzeptiert und diskriminiert zu werden. Das lässt nur eine Schussfolgerung zu: Es ist Zeit, aus außenpolitischen und innergesellschaftlichen Gründen eine Debatte über den Umgang mit der Türkei und den in Deutschland lebenden Türken zu führen. Es existieren auch Foren für den Dialog außerhalb der religiösen Verbände, die in letzter Zeit sehr stark im Vordergrund standen (was vermutlich mit der Gleichsetzung von Türken und Muslimen zusammenhängt), zum Beispiel die deutsch-türkischen Gesellschaften, die in allen deutschen Großstädten existieren. Sofern die Debatte höflich, bescheiden und ehrlich geführt wird – das alles ist nicht mit einer falschen Anpassung oder der Auslassung unbequemer Themen zu verwechseln –, wird man wahrscheinlich auf einen großen Gesprächsbedarf und offene Herzen stoßen.

Man sollte diesen Dialog mit einer langfristigen Perspektive betreiben, mit Blick auf die Zeit nach Erdoğan, der 2019 das Rentenalter erreicht (bei Putin war das schon 2017 der Fall) und obendrein mit seiner Partei die wichtige Kommunalwahl von Istanbul verloren hat. Der Präsident wird alles daransetzen, das Jubiläum der Staatsgründung im Jahr 2023 in seinem Sinn zu gestalten. Ihm schwebt eine Türkei als islamische Republik vor. Dass diese Vision so viele Anhänger hat, hängt mit dem schwierigen Verhältnis zur EU und mit den aktuellen und historischen Auseinandersetzungen um die Europäizität der Türkei zusammen. Doch gegründet wurde der Staat als europäische Republik, dieses Erbe lässt sich nicht so leicht tilgen.

Russland in der europäischen Zeitgeschichte

Über die Zugehörigkeit Russlands zur europäischen Geschichte braucht man keine Debatte zu führen. Selbst bei der Sowjetunion ist das unstrittig, wenngleich der Kalte Krieg gelegentlich mit zivilisatorischen Argumenten geführt wurde und der größere Teil des Staatsgebiets in Asien liegt. Die russische Frage ist nach 1991 in mancher Hinsicht zu dem geworden, was die deutsche Frage im 19. und frühen 20. Jahrhundert war. Russland ist zu groß, um in die bestehende europäische Ordnung integriert zu werden, doch wirtschaftlich zu schwach, um für sich existieren zu können. Das gilt auch dann, wenn man die »russische Welt« (»russkij mir«) expansiv denkt, unter Einschluss aller russischsprachigen Minderheiten, die in den Nachbarstaaten der Russländischen Föderation leben. In diesem ethnokulturellen Nationsverständnis liegt eine große Gefahr, während der Begriff russländisch, der im Staatsnamen enthalten ist, für eine offenere und staatsbürgerliche Vorstellung der Nation steht.

Das Ende der Sowjetunion wird von einem Großteil der russischen Gesellschaft als Niederlage empfunden, Präsident Putin bezeichnete den Zerfall des Imperiums sogar als »größte geopolitische Katastrophe des 20. Jahrhunderts«.[14] In der Tat verlor Russland die Kontrolle über fast alle Gebiete, die es durch die lange Expansion nach Westen seit dem 17. Jahrhundert erworben hatte. Am meisten schmerzt der Verlust der

Ukraine, mit deren Eroberung das Russische Reich seinen Großmachtstatus begründet hatte.

Im Abschied von einem Imperium, den die Türkei nach dem Ersten Weltkrieg vollzog und Deutschland nach dem Zweiten, liegt jedoch stets eine Chance. Gorbatschow lockerte die Herrschaft über den Ostblock, weil er einsah, dass die Sowjetunion damit überfordert war und es letztlich nur Ressourcen kostete, neben untragbaren Militärausgaben verbilligte Gas- und Erdöllieferungen für die verbündeten Staaten. Der Verlust des äußeren sowjetischen Imperiums war selbstverständlich nicht geplant, sondern ein Resultat der demokratischen Revolutionen von 1989. Als Boris Jelzin 1991 nach dem Putsch gegen Gorbatschow die Auflösung der Sowjetunion und somit des inneren Imperiums betrieb, strebte er ebenfalls eine Konsolidierung an. Vor allem im Kaukasus gefährdeten die tschetschenische Unabhängigkeitsbewegung und andere Separatismen den Zusammenhalt der Russländischen Föderation.

Die Transformation der neunziger Jahre stürzte einen großen Teil der russischen Bevölkerung in Not und Elend. Wirtschaftsstatistiken zufolge war die Krise so schlimm wie Anfang der dreißiger Jahre in Deutschland oder den USA, die Lebenserwartung sank auf das Niveau eines Entwicklungslandes (bei Männern auf weniger als sechzig Jahre).[15] Daran waren vor allem die eigenen Eliten und der verbreitete Alkoholmissbrauch schuld. Doch die westlichen Berater, die Russland eine möglichst rasche Privatisierung und Liberalisierung empfahlen und damit zum Aufstieg der Oligarchen beitrugen, hatten ihren Anteil an dieser sozialen und ökonomischen Katastrophe. Der Kapitalismus wurde in Russland seit je als ein westliches Konzept betrachtet und in der sowjetischen Propaganda entsprechend verteufelt. Insofern war es absehbar, dass der Verlauf der Transformation die Beziehungen zum Westen beschädigen und es im Sinne Polanyis zu einem »double movement«, einer nationalistischen Gegenbewegung kommen würde.

Mit einer längeren historischen Perspektive kann man die neunziger Jahre mit der »Smuta«, der »Zeit der Wirren« Anfang des 17. Jahrhunderts vergleichen, als Russland ebenfalls zu zerfallen drohte. Davon handeln Modest Mussorgskis Oper *Boris Godunov*, die russische Nationaloper *Iwan Sussanin* sowie etliche Theaterstücke und Romane. Daher sind die Topoi des Staatszerfalls und des hinterhältigen Westens, der die Schwäche Russlands auszunutzen versucht (in *Boris Godunow* und *Iwan Sussanin* spielen die Polen diesen Part, Putin erhob den historischen Sieg von 1612 gegen die polnische Armee zum Staatsfeiertag), ebenso in die Tiefenschichten der russischen Identität eingeschrieben wie die Sehnsucht, eines Tages so geordnet und wohlhabend zu leben wie in Westeuropa. Diesen Wunsch erfüllten sich als Erste die Profiteure der Privatisierung, die Oligarchen.

Obwohl jeder wusste, dass die »Neuen Russen« ihr Vermögen mit kriminellen Machenschaften während der Privatisierung und durch Ausbeutung ihrer Arbeiter erwirtschafteten, waren sie in London, Wien, der Schweiz und an der Côte d'Azur willkommen. Dagegen mussten alle anderen Russen erniedrigende Prozeduren durchstehen, wenn sie ein Visum für eine Reise in ein EU-Land beantragten. Aus der Provinz des weiten Landes setzte das Fahrten mit dem Nachtzug zu den wenigen Konsulatsstandorten voraus und dann stundenlanges Schlangestehen ab dem Morgengrauen. Wenn irgendwelche Unterlagen fehlten oder nicht anerkannt wurden, ging die Prozedur von vorn los (Türken kennen dieses Problem wie erwähnt seit 1980). Auf diese Weise vertaten die westlichen Länder die Chance einer gesellschaftlichen Annäherung, außerdem wirkte ihre Bevorzugung der Diebe wie eine Bestätigung der kommunistischen Propaganda über den Raubtierkapitalismus.

Aufgrund der inneren Schwäche seines Landes hielt sich Präsident Jelzin außenpolitisch zurück und ließ sogar Gelegenheiten aus, die russische Einflusssphäre wieder zu vergrößern. 1994 gewannen die prorussischen Separatisten auf der Krim die Wahlen zum Regionalparlament mit einer Zweidrittelmehrheit. Doch in Moskau stießen sie auf verschlossene Türen, so dass die Anschlussbewegung wieder versandete.[16] Im Krieg um Bosnien und Herzegowina 1992-1995 trug Russland die westliche Politik mit, obwohl sie sich gegen Serbien richtete, einen traditionellen Verbündeten. In dieser Zeit hätte man prinzipiell sogar an einen Nato-Beitritt denken können, aber Russland war dafür in den Neunzigern zu instabil und die USA gefielen sich zu sehr in der Rolle der einzigen Supermacht, um ihre Führungsposition im Verteidigungsbündnis zu teilen.

Diese Phase der Annäherung endete im Jahr 1999. Die erste Osterweiterung der Nato um Polen, Tschechien und Ungarn Mitte März dieses Jahres nahm Moskau zähneknirschend hin. Doch nur knapp zwei Wochen später intervenierte die Nato im Kosovo-Konflikt und begann einen Bombenkrieg gegen Serbien. Diese Gleichzeitigkeit beeinflusste selbstverständlich die Außenwahrnehmung und verursachte einen Bruch, noch bevor Putin im August 1999 zum Minister- und dann im Mai 2000 zum Staatspräsidenten aufstieg. Die USA und ihre Verbündeten begründeten ihre Politik wie so oft nach 1989 mit der Verteidigung von Menschenrechten. In der Tat war die kosovarische Zivilbevölkerung akut von ethnischen Säuberungen bedroht, wie sie sich in Bosnien und Herzegowina ereignet hatten. Doch ist es legitim und zielführend, massive militärische Gewalt einzusetzen, um andere Formen der Gewalt zu verhindern?

Das Problem vor Ort waren wieder einmal die doppelten Standards des Westens. Die albanischen Flüchtlinge konnten nach dem Ende des Krieges in ihre Häuser zurückkehren, der Nato gelang es aber nicht, die serbische Minderheit im Kosovo zu schützen. Etwa 200 000 Serben (und Roma) flohen 1999 aus der Region, doch das reichte den albanischen Nationalisten nicht. Kurz vor dem fünften Jahrestag der Nato-Intervention kamen 2004 bei landesweiten Pogromen 19 Menschen ums Leben, die meisten noch verbliebenen Angehörigen der Minderheiten flüchteten. Die USA waren zu dieser Zeit mit dem Irak-Krieg beschäftigt, die europäischen Einheiten der Kosovo Force (KFOR) wurden überrumpelt. Der völkerrechtswidrige Angriff der USA auf den Irak führte das Prinzip der humanitären Intervention (damals vielfach diskutiert als »responsibility to protect«) endgültig ad absurdum.

Und auch hier kam es zu einer fatalen Gleichzeitigkeit. 2004 beschloss die Nato die Erweiterung um weitere sieben ostmittel- und südosteuropäische Staaten, darunter traditionelle russische Verbündete wie Bulgarien und mit den Baltischen Staaten drei frühere Republiken der Sowjetunion. Letztlich ging es dabei auch um eine Konkurrenz der beiden großen westlichen Bündnissysteme. Durch die frühere Erweiterung der Nato zeigte Washington Brüssel nochmals, wer die Fäden im östlichen Europa in der Hand hatte, und stärkte die Loyalität gegenüber den USA.

Politikwissenschaftler debattieren seit 1999 lebhaft darüber, ob die Erweiterungen der Militärallianz (2009 traten noch Kroatien und Albanien bei, 2017 Montenegro, nach der Beilegung des Namensstreits mit Griechenland könnte demnächst Nordmazedonien dazukommen) die Russländische Föderation unnötig provozierten oder ob das zunehmend aggressive Auftreten Putins die neuen Mitgliedsstaaten in die Arme der Nato trieb. Wer über die deutsch-russischen

Beziehungen hinausblickt (das ist keine Stärke der deutschen »Russland-Versteher«, wobei dieser Begriff vielleicht mehr über jene aussagt, die ihn benutzen, als über die damit Bezeichneten), wird erkennen, dass Letzteres der Fall war. So waren zum Beispiel Polen und Litauen immer wieder willkürlichen Wirtschaftsboykotten ausgesetzt; dass mit Putin ein ehemaliger KGB-Funktionär die Regierung übernahm, stärkte das Vertrauen ebenfalls nicht. Hinzu kam die schlechte Behandlung von Bürgern der neuen EU-Staaten durch russische Beamte und Militärs.

Im Rahmen einer Universitätskooperation, die ich von 2004 bis 2007 mit der Universität in Kaliningrad unterhielt, bekam ich aus nächster Nähe mit, wie polnische Transportunternehmer, Studentinnen und Studenten bei der Visavergabe, beim Grenzübertritt und während ihres Aufenthalts schikaniert wurden. Es wirkte wie ein schlechtes Gesellschaftsspiel, bei dem der Verlierer der ersten Runde seine Wut und Komplexe an den noch verbliebenen schwächeren Gegenspielern auslässt. Leider prägt das Treten nach unten auch die innergesellschaftlichen Beziehungen in Russland. Wenigstens das hat sich in Metropolen wie Moskau in den letzten Jahren geändert. Dort zeigt die Staatsmacht immer häufiger ein freundliches Gesicht, was es in der russischen Geschichte noch selten gegeben hat. Hoffentlich wird das eines Tages die äußeren Beziehungen beeinflussen.

Dem steht jedoch das Denkmodell der »Geopolitik« entgegen, dem Putin anhängt. Gemäß dieser dialektischen Sichtweise, die auf dem sowjetischen Vulgärmarxismus beruht, besteht die Weltgeschichte aus einem permanenten Machtkampf. Bei den Konflikten um Ressourcen und Einflusssphären kann immer nur eine Seite gewinnen. Gewalt ist legitim, wenn sie den eigenen Interessen dient, der Verdacht rangiert über dem Vertrauen.

Als sich nach den »Farben-Revolutionen« in Georgien und der Ukraine von 2003 und 2004 auch diese beiden früheren Sowjetrepubliken der Nato annäherten, war der Verdacht einer Einkreisung Russlands naheliegend. Ist die Nato in den darauffolgenden Jahren zu weit gegangen, wie das oft behauptet wird? Im Fall der Ukraine trifft das nicht zu. Nach dem russischen Einmarsch in Georgien von 2008 (der militärische Konflikt begann mit einer schlecht vorbereiteten Intervention der georgischen Armee in der abtrünnigen Region Südossetien) wurde die erwünschte Nato-Mitgliedschaft der Ukraine auf Drängen Deutschlands und Frankreichs auf Eis gelegt. Putin vertraute jedoch nicht darauf, dass die Ukraine auf die Dauer neutral bleiben würde. Er nutzte die Position des Landes zwischen Ost und West und die inneren Konflikte während der Revolution von 2014 zur Annexion der Krim und der Intervention im Donbas. Damit hat Putin einen machtpolitischen Trumpf in der Hand, denn die Nato kann kein Land aufnehmen, das sich im Kriegszustand befindet.

Wenngleich die russische Aggression gegen die Ukraine für die neuen Nato-Mitglieder wie eine ungewollte Bestätigung ihrer Entscheidung zum Beitritt wirkte, sollte man sich fragen, warum es nicht gelungen ist, Russland stärker in die westlichen Bündnis- und Sicherheitssysteme einzubinden. Es gab Ansätze dazu, etwa das 1997 gegründete Permanent Joint Council und ab 2002 den Nato-Russland-Rat. Doch die immer neuen Erweiterungsrunden der Nato und die Entscheidung von George W. Bush, in Ostmitteleuropa Raketenabwehrsysteme zu stationieren, zerstörten das ohnehin begrenzte Vertrauen. Vordergründig ging es bei diesen Plänen um den Iran und die Bedrohung der USA aus dem Nahen Osten. Die Lage der geplanten Abwehrstationen in Polen und Rumänien, mit denen feindliche Atomraketen bereits im Weltraum abgefangen werden sollen (die Idee geht auf Ronald Reagan und seine Strategic Defense Initiative zurück und wurde im Jahr 1999 unter Präsident Clinton wieder aufgenommen), spricht jedoch für sich: Sie umgeben Russland und nicht den Iran. Technisch ist die National Missile Defense eine Utopie und kann gegen mehrfach bestückte oder noch schnellere Interkontinentalraketen wahrscheinlich wenig ausrichten. Der vermeintliche Gewinn an Sicherheit wiegt den Verlust an Vertrauen und die Kosten nicht auf. Doch auch der Rüstungswettlauf im Kalten Krieg war nicht rational, insofern folgt die amerikanische Politik einem alten Muster.

Seit der Annexion der Krim und den darauf folgenden Sanktionen sprechen Politikwissenschaftler von einem *neuen* Kalten Krieg.[17] So neu ist der wieder aufgeflammte Konflikt nicht, er begann wie dargestellt 1999, bekam 2004 weiteren Zündstoff, wurde 2007 durch Putins Brandrede auf der Münchner Sicherheitskonferenz verbal eröffnet und wird seit 2014 in der Ostukraine und in Syrien in Stellvertreterkriegen ausgefochten.

Weil die EU sich primär als Wirtschaftsbündnis und Friedensstifter empfindet und sich wenig darum schert, wie sie von außen wahrgenommen wird, hat Brüssel den machtpolitischen Konflikt mit Russland lange Zeit völlig unterschätzt. Putin betrachtet jedoch nicht nur die Nato, sondern auch die EU als »geopolitische« Konkurrentin. Ein spannungsgeladenes Verhältnis zwischen der EU und Russland ist nicht zuletzt dadurch vorgegeben, dass der größte Flächenstaat der Welt der Union nicht beitreten kann, jedenfalls nicht im Rahmen ihrer derzeitigen Strukturen.

Brüssel reagierte auf dieses Dilemma, indem es im Zusammenhang mit der großen Erweiterung die »EU-Nachbarschaftspolitik« entwickelte.[18] In dem ersten Konzeptpapier aus dem Jahr 2003 finden sich sämtliche Nachbarstaaten der erweiterten Union – von Russland über die Ukraine, die Kaukasusstaaten, die Türkei, Israel und Ägypten bis zum Maghreb. Russland wurde eine gesonderte Kooperation im Rahmen einer schwammig formulierten »Northern Dimension« zugestanden; was damit gemeint war, wurde jedoch nicht näher erläutert. Bei der Neuformulierung des Konzepts von 2006 hatte Brüssel immerhin gelernt, dass Russland nicht mit Klein- und Mittelstaaten in einen Topf geworfen werden wollte. In diesem Topf befanden sich jedoch weiterhin alle anderen Nachbarstaaten in Osteuropa, dem Nahen Osten und Nordafrika, was nur dann Sinn ergibt, wenn man sich selbst für das Zentrum des Universums hält und dann quasi im Uhrzeigersinn alle angrenzenden Regionen abhandelt.

Schweden und Polen entwickelten 2008 die »Östliche Partnerschaft« der EU, die auf eine Zusammenarbeit mit der Ukraine, Belarus, Moldawien und den Kaukasusstaaten und somit auf eine Begrenzung des russischen Einflusses ausgelegt war. Die Umgehung Russlands ist eine plausible Reaktion auf die putinsche Geopolitik und die darauf basierenden neoimperialen Machtansprüche im postsowjetischen Raum. Doch die Östliche Partnerschaft verstärkte unbeabsichtigt die russischen Einkreisungsängste, die man nur dann abschwächen kann, wenn die Anbindung der Ukraine oder Georgiens an die EU strikt von einer Nato-Mitgliedschaft getrennt bleibt. Wie wichtig Sicherheitsgarantien für diese beiden Länder sind, hat die russische Intervention im Donbas jedoch nochmals unterstrichen.

Das Problem liegt außerdem darin, dass die EU in ihrer Gesamtheit im Verhältnis zu Russland zu keiner klaren Linie findet. Der Kommission kann man das nur bedingt vorwerfen, es liegt an der Uneinigkeit der Mitgliedsstaaten. Obendrein verhält sich Deutschland höchst widersprüchlich: Einerseits unterstützt die Bundesregierung die infolge des Krieges in der Ukraine gegen Russland verhängten Sanktionen, andererseits treibt sie die Pipeline Nord Stream 2 voran, welche die Abhängigkeit von russischem Gas erhöht und zugleich die Ukraine wirtschaftlich und politisch schwächt. Das bestätigt alle Vorurteile der russischen Eliten, dass es dem Westen letztlich nur um wirtschaftliche Vorteile und die bloße Macht geht, nicht um irgendwelche Werte. Dass westliche Politiker sich so einfach kaufen lassen und in den Dienst staatlich gelenkter Firmen wie Gazprom stellen, hat diesen Eindruck nochmals verstärkt.

Ausblick

Eines Tages wird wie in der Forschung zum Kalten Krieg eine Debatte aufkommen, wer für die erneute Konfrontation zwischen Ost und West nach der Jahrtausendwende verantwortlich war.[19] In der Literatur über den Kalten Krieg gab es drei Sichtweisen: eine dogmatisch antikommunistische, wonach die Schuld auf Seiten der Sowjetunion und Stalins lag; ab den sechziger Jahren unterzogen die Revisionisten die westliche Politik einer überfälligen Selbstkritik, während die Postrevisionisten dann unter dem Eindruck der Détente und ihres Scheiterns die Eigendynamik von Konfliktlagen und Ängsten sowie das Problem der gegenseitigen Wahrnehmung und alle damit verbundenen Missverständnisse betonten.

Im Verhältnis zu Russland öffnete sich nach dem Kalten Krieg, den in erster Linie Gorbatschow beigelegt hat, ein »window of opportunity« für eine dauerhafte Annäherung. Es schloss sich nach einem Jahrzehnt wieder, weil die Nato und die EU sich allzu sehr als Sieger des Kalten Krieges empfanden, deshalb in ihren alten Strukturen verharrten, sich nicht in die Perspektive Russlands hineindenken konnten und dann ab 1999 selbst neue Gräben aufwarfen.

Seit 2007 schlägt die Russländische Föderation zurück, zunächst mit Worten, dann mit militärischer Gewalt. Putin hat mit seiner neoimperialen Politik viel erreicht. Die Russländische Föderation ist wieder voll als Weltmacht anerkannt und gefürchtet (wahrscheinlich ging es ohnehin in erster Linie darum; die Intervention in Syrien war nebenbei eine effektive Werbung für die russische Rüstungsindustrie), die Erweiterung der Nato um weitere Nachfolgestaaten der Sowjetunion ist gestoppt, die Annexion der Krim hat seine Umfragewerte in die Höhe schnellen lassen.

Doch der Preis für diese defensiv-aggressive Außenpolitik ist hoch, denn Russland hat durch den Krieg im Donbas jegliche Sympathien in der Ukraine verspielt. Dort gab es bei den Wahlen von 2019 erstmals keine mehrheitsfähige prorussische Partei oder Option mehr. Dass es der Ukraine erneut gelungen ist, freie und faire Wahlen durchzuführen, zeigt nebenbei, dass der lange Arm der russischen Regierung nicht so weit reicht, wie oft angenommen. Auch die endgültige Abspaltung der ukrainisch-orthodoxen Kirche vom Moskauer Patriarchat und die Anerkennung dieses Schritts durch die anderen autokephalen Kirchen (die Orthodoxie ist in Nationalkirchen organisiert) war für Putin ein schwerer Schlag. Die Sanktionen des Westens nach der völkerrechtswidrigen Annexion der Krim haben Russland zwar nicht wirklich geschadet und in mancher Hinsicht sogar genutzt (zum Beispiel in der Landwirtschaft und der Lebensmittelindustrie), aber sie sandten ein wichtiges Signal, die Finger von der südlichen Ukraine zu lassen. Wenn Russland seine wirtschaftliche Stagnation überwinden möchte, ist es auf eine engere Zusammenarbeit mit dem Westen angewiesen.

Zur alten und neuen Strategie des Kalten Krieges gehört

es, eigene Sympathisanten zu unterstützen und an der Heimatfront des Gegners Verwirrung zu stiften. Der Skandal um die FPÖ im Frühjahr 2019 hat jedoch gezeigt, dass weniger russische Internet-Trolle oder Geheimagenten das große Problem sind als vielmehr die Rechtspopulisten, die sich russischen Einfluss und russisches Geld herbeiwünschen. In den USA hat der Bericht des Sonderermittlers Robert Mueller die Kollaboration von Mitgliedern des Wahlkampfstabs von Donald Trump bestätigt, den russischen Einfluss auf die Präsidentschaftswahlen von 2016 aber indirekt relativiert. Da wie dort sind der unfaire Umgang mit politischen Gegnern und die Unterwanderung der Demokratie primär ein internes Problem. Putins Politik beruht nicht zuletzt auf der Projektion von Macht, es nutzt ihm, wenn diese von außen überschätzt wird.

Im Fall der Türkei passen die Interpretationsschemata des Kalten Krieges auf den ersten Blick weniger gut. Die sich zuspitzenden Konflikte haben keine lange Vorgeschichte, außerdem ist die Türkei immer noch Nato-Mitglied und der EU mit einem Freihandelsabkommen verbunden. Doch gemessen daran ist die Entfremdung der Türkei von ihren Partnern ebenso erschreckend wie die wiederholten Beschimpfungen und Drohungen Erdoğans. Seine Entwicklung von einem Anhänger der Demokratie (zumindest nach außen hin) zu einem Autokraten spielt zweifelsohne eine wichtige Rolle, allerdings führt die Fixierung auf seine Person ebenso wenig weiter wie bei Putin.

Die Türkei hat während der gesamten Nachkriegszeit versucht, sich an die EG und dann die EU anzunähern. Die europäischen Führungsmächte haben darauf seit den achtziger Jahren bestenfalls halbherzig, meist jedoch von oben herab und abweisend reagiert. Sicherlich sind alle Mitgliedsstaaten der Union derzeit froh, dass Präsident Erdoğan nicht am

Tisch des Europäischen Rats sitzt und über die Geschicke der EU mitbestimmen kann. Aber ein Kalter Krieg, wie er derzeit mit Russland geführt wird, kann nicht im Interesse der EU und ihrer Mitgliedsstaaten liegen. Dazu ist die gegenseitige wirtschaftliche und politische Abhängigkeit zu groß.

In den letzten Jahren werden Krisen in der Öffentlichkeit fast ausschließlich als Bedrohung wahrgenommen, doch sie eröffnen stets auch Chancen. Russland und die Türkei sind mit großen wirtschaftlichen und gesellschaftlichen Problemen konfrontiert. In Russland lebt trotz der Stabilisierung unter Putin ein Viertel der Bevölkerung unter der von der Weltbank definierten Armutsschwelle.[20] Viele Ortschaften sind nur über Schotter- oder Schlaglochpisten zu erreichen, die im Frühjahr im Schlamm versinken. Der Einsturz eines Plattenbaus in Magnitogorsk mit 39 Toten in der Neujahrsnacht 2019 war nur ein Beleg von vielen, in welchem Zustand sich die Infrastruktur befindet. Unter der Oberfläche der nationalistischen Propaganda diskutiert ein Teil der russischen Gesellschaft schon länger darüber, warum sich das Land teure militärische Abenteuer in Syrien und der Ukraine leistet, während die Wirtschaft und der Lebensstandard im Inland bestenfalls stagnieren.

Der lange wirtschaftliche Aufschwung der Türkei seit den achtziger Jahren ist ebenfalls an ein Ende gekommen. Das Defizit in der Handelsbilanz und die Auslandsverschuldung sind nicht mehr tragbar, daher hat die Lira stark an Wert verloren, die Inflation steigt immer weiter. Präsident Erdoğan hat sich durch die Verfolgung der Opposition und seine Allmachtsfantasien selbst geschadet, denn nun fehlt ein Ventil für den steigenden Unmut, die Menschen machen ihn für die Krise verantwortlich.

Es gibt demnach in der Türkei ebenso wie in Russland einen Rezeptionsraum für Kritik, unabhängige Informationen und für mehr Kontakte mit dem Westen. Im Unterschied zur Sowjetunion können Russen heute relativ frei reisen, für Türken gilt das, abgesehen von der Visumspflicht, schon länger. Sie können sich also selbst ein Bild vom Westen machen und tun das auch in steigender Zahl. Mehr Begegnungen führen nicht automatisch zu einer Annäherung (sonst müssten die deutsch-türkischen Beziehungen heute weit besser sein) und sind bei weiter entfernten Ländern nicht so leicht zu organisieren. Doch über den Jugendaustausch, Stipendien für Studenten, Städtepartnerschaften, kulturelle Zusammenarbeit und Begegnungen von Berufstätigen lässt sich auf die Dauer viel erreichen. So wurde auch verfahren, um die historische Belastung der Beziehungen zwischen Frankreich und Deutschland sowie Polen und Deutschland zu überwinden. Der nach 1989 vernachlässigte Russischunterricht an den Schulen kann ebenso zur Verständigung beitragen wie Grundkenntnisse über die Geschichte der Türkei und der Gastarbeiter.

Eine langfristige Strategie für einen intensiveren gesellschaftlichen Austausch ist nicht zuletzt deshalb wichtig, weil außenpolitisch in absehbarer Zeit keine Annäherung zu erwarten ist. Das hängt mit der klassischen Funktion des Nationalismus zusammen, der schon immer dazu eingesetzt wurde, von innenpolitischen Spannungen und ökonomischer Stagnation abzulenken. In krisenhaften Situationen liegt es noch einmal näher, andere Länder oder Minderheiten im eigenen Land zu Sündenböcken für hausgemachte Probleme zu stilisieren. Das ist in der modernen europäischen Geschichte und insbesondere in der türkischen sowie russischen Geschichte schon so oft vorgekommen, dass es fast wie eine historische Gesetzmäßigkeit erscheint (wobei Polanyi eine derartige Formulierung vermutlich als zu deterministisch abgelehnt hätte).

Beide Länder sind weit stärker in die Weltwirtschaft integriert, als es im »kurzen« 20. Jahrhundert jemals der Fall war. In der Türkei begann diese Entwicklung mit der ökonomischen Liberalisierung Mitte der achtziger Jahre durch Präsident Turgut Özal, in Russland nach den neoliberalen Reformen unter Iegor Gaidar. Nach den Idealvorstellungen des Neoliberalismus und des klassischen Liberalismus müsste auf diese wirtschaftliche Integration eine politische Annäherung folgen. Doch wie in diesem Essay dargestellt ist nach der Jahrtausendwende das Gegenteil eingetreten.

Die Spannungen mit der Russländischen Föderation und der Türkei in den letzten Jahren beruhen nicht zuletzt auf deren zunehmenden ökonomischen Problemen. Russland konnte nach der großen Krise von 2008/09 nicht mehr an den Aufschwung in den nuller Jahren anschließen. Seitdem stagniert die russische Wirtschaft, außerdem ist sie wie der Staatshaushalt weiterhin stark von den Weltmarktpreisen für Rohstoffe abhängig. Die türkische Wirtschaft ist bis in die jüngste Zeit stark gewachsen, aber der Aufschwung war zu sehr auf Pump finanziert. 2019 hat eine Rezession begonnen, für die Erdoğan alle möglichen äußeren Feinde verantwortlich macht. Demnach ist schon allein aus wirtschaftlichen Gründen damit zu rechnen, dass Erdoğan und Putin ihre nationalistische Rhetorik und Außenpolitik auf absehbare Zeit fortsetzen werden.

Ein Unterschied zwischen beiden Ländern liegt darin, dass Russland als militärische Großmacht tatsächlich eine neoimperiale Politik verfolgen kann – die Interventionen in der Ukraine und in Syrien haben das unter Beweis gestellt. Dagegen ist der türkische Neo-Osmanismus eine Fantasie, für die es keine machtpolitischen Grundlagen gibt und die in den Nachbarstaaten keine Sympathien hervorruft (wiederum im Unterschied zum postsowjetischen Raum, wo eine prorussische Haltung durchaus verbreitet war, nicht zuletzt aus Nostalgie für die Sowjetunion; das ist jetzt zumindest in der Ukraine auch schon Geschichte).

2015 prallten die Interessen der beiden Autokraten in Syrien aufeinander, nach dem Abschuss eines russischen Kampfjets gab es sogar das Risiko einer bewaffneten Auseinandersetzung. Die Türkei und Russland haben generell eine sehr konfliktreiche Beziehungsgeschichte. Umso überraschender ist es, wie gut sich die beiden Autokraten in Moskau und Ankara seit ihrer Aussöhnung von 2016 verstehen. Wirtschaftlich spricht nicht viel für ein enges Bündnis, weil Russland und die Türkei stark von Exporten in die EU abhängig sind, während sie untereinander, abgesehen von russischen Energielieferungen, nur wenig Handel treiben.[21] Doch zusammen könnten Putin und Erdoğan die EU bei der Energieversorgung, mit Migrationsströmen und militärisch unter Druck setzen. Eine feindliche Flanke vom Nord- bis zum Mittelmeer wäre auch für die Nato ein Albtraum. Derartige Szenarien sind nicht wahrscheinlich, aber das Ende des Kalten Krieges kam ebenso überraschend wie die militärische Aggression Russlands seit 2014. Es wäre für die EU und für Deutschland ratsam, diese Entwicklungen aufmerksam zu beobachten. Vielleicht würde es schon helfen, sich selbst nicht mehr als Gewinner des Kalten Krieges zu betrachten, denn offenbar lässt sich aus historischen Niederlagen leichter lernen als aus Siegen.

6. Nachwort: Die polanyische Pendelbewegung nach rechts

Karl Polanyi hat das Ende der von ihm diagnostizierten großen Transformation offengelassen und keinen pessimistischen Ton angeschlagen. Gemessen daran, was er miterleben musste – den Ersten Weltkrieg, die weiße Gegenrevolution in Ungarn mit ihren antikommunistischen und antisemitischen Gewaltakten, den Untergang der Republik in seiner Wahlheimat Österreich, den Aufstieg Hitlers, den Zweiten Weltkrieg und die Vernichtung der Juden, von der er im britischen Exil sicherlich wusste –, ist das nicht selbstverständlich. Wie Joseph Roth oder Stefan Zweig hätte Polanyi am Lauf der damaligen Zeitgeschichte verzweifeln können.[1] Das tat er nicht, das letzte Kapitel seines Buches ist voller Hoffnung, dass die moderne Industriegesellschaft mehr Freiheit und Gerechtigkeit mit sich bringen kann, wenn man den Kapitalismus zähmt.

Es gibt eine Vielzahl von Erklärungen, warum der Kapitalismus in den ersten drei Jahrzehnten nach der Veröffentlichung von Polanyis Hauptwerk auf der gesamten Welt stärker »eingebettet« wurde, bevor sich der Trend ab den achtziger Jahren umkehrte. Der »lange« und globale New Deal (Patel),[2] der Wiederaufbau nach 1945 und die Systemkonkurrenz im Kalten Krieg kennzeichneten eine historisch einmalige Konstellation. Diese änderte sich Mitte der Siebziger mit dem Ende des globalen Währungs- und Finanzregimes von Bretton Woods, der Stagflation nach der Ölkrise und dem Umschwung vom Keynesianismus zum Neoliberalismus unter Thatcher und Reagan. Als 1989 der Staatssozialismus zusammenbrach, verschoben sich auf der ganzen Welt die politischen Koordinatensysteme. Die westlichen Sozialdemokraten, die einen so gut ausgebauten Wohlfahrtsstaat geschaffen hatten wie nie zuvor, gerieten noch stärker unter Druck. Die teleologisch gedachte Transformation der postkommunistischen Staaten nach den Vorgaben des Washington Consensus untermauerte die Hegemonie des Neoliberalismus auf der gesamten Welt. Dessen Radikalisierung rund um die Jahrtausendwende führte dann zur großen Krise von 2008/09. Skeptisch betrachtet, lässt sich der Lauf der Zeitgeschichte erst erkennen, wenn es zu spät ist.

Eine »Marktgesellschaft« kann laut Polanyi nicht dauerhaft stabil bleiben, das könne nur ein demokratischer Sozialismus. Zwischen diesen Polen liegt jedoch ein breites Spektrum, das in der Nachkriegszeit von der sozialen Marktwirtschaft bis zum Dritten Weg Jugoslawiens und anderer blockfreier Staaten reichte. Als Polanyi 1944 sein Opus magnum publizierte, gab es neben dem Stalinismus die Option der sogenannten Volksdemokratien (die Stalin dann 1947/48 gleichschalten ließ), in Großbritannien warb die Labour Party für eine demokratische Version des Sozialismus. Polanyi äußert sich in *The Great Transformation* nicht zu diesen Optionen, sondern geht weit in die Vergangenheit zurück. Auf den letzten Seiten seines dicht geschriebenen Buches plädiert er für eine christlich-jüdische Ethik und den Frühsozialismus von Robert Owen. Man kann Polanyi daher sehr vielfältig interpretieren, was eine Erklärung dafür sein mag, warum er unter Linksintellektuellen bis heute so populär ist und warum prominente Sozialwissenschaftler immer wieder einen »polanyischen Moment« gekommen sahen.

Das war Anfang der Neunziger der Fall, als infolge der Rezession von 1992 die Reaganomics ebenso am Ende schienen wie wenig später der Thatcherismus; dann erneut nach der – ebenfalls bereits globalen – Krise des Neoliberalismus rund um die Jahrtausendwende (von der Asien- und Russlandkrise bis zum Dotcom-Crash) und schließlich nach der großen

Krise von 2008/09, die sich in Europa zur Eurokrise auswuchs. Jedes Mal erwarteten kluge Zeitgenossen einen Pendelschlag nach links, wenigstens zu einem stärker regulierten Kapitalismus – der dann nicht eintrat.

Ich bin mir nicht sicher, warum das Pendel an diesen drei Wendepunkten zunächst in verschiedene Richtungen schwang, als hätte eine höhere Gewalt an der Aufhängung der Pendelschnur gezupft, um es dann nach rechts ausschlagen lassen. Wahrscheinlich ist der Zeitabstand, zumal zum Annus horribilis 2016, noch zu gering, um darauf eine befriedigende oder gar bleibende Antwort zu geben. So weit mein Zweifel an einer Zeitgeschichte, die immer näher an die Gegenwart heranrückt. Möglicherweise ist der globale Kapitalismus stabiler als von Polanyi vermutet und steckt solche Krisen weg. Doch was passiert mit der liberalen Demokratie? Hier begann nicht erst nach den beiden letztgenannten Krisen, sondern schon in den Neunzigern eine Drift zum Rechtsnationalismus und Illiberalismus. Das ist die Schlussfolgerung der hier präsentierten Analysen und Essays über die USA, Deutschland, Italien und die beiden großen östlichen Nachbarn der EU, Russland und die Türkei.

Um mehr Licht ins Dunkel der Periode nach 1989 zu bringen, könnte man eine vergleichende Geschichte von Pat Buchanan, Jean-Marie Le Pen, Jörg Haider und Silvio Berlusconi schreiben (der Cavaliere würde dann ideologisch fast schon harmlos wirken und irgendwo im Mittelfeld landen). In Deutschland wären die dazu passenden Akteure Franz Schönhuber und der rechte Rand der CDU/CSU, der damals noch schön brav in die Union integriert war. Doch ein Fokus auf die frühen Rechtspopulisten und -nationalisten reicht nicht aus, wenn man diese Drift nach rechts verstehen will. Demokratien beruhen auf einem Wettbewerb der Ideen, dem sich nicht einmal Diktatoren völlig entziehen können.

Insofern ist die wachsende Ausstrahlung dieser Rechtsausleger nicht ohne einen Blick auf ihre politischen Konkurrenten zu erklären. War die Linke, die postsozialistische Sozialdemokratie zu anpasserisch? Im Nachhinein weiß man es immer besser: Dieser Verlockung sollte man nicht erliegen, schon gar nicht als Historiker.

Es gab gute Gründe, warum die zentristische, reformorientierte Sozialdemokratie als zukunftsträchtiges Konzept erschien. Strategisch ging es darum, ein breites Meinungsspektrum zu besetzen und Mehrheiten in der viel zitierten »neuen Mitte« zu erreichen. Es gab zweifelsohne Druck, sich wirtschafts- und sozialpolitisch anders zu orientieren, nicht zuletzt wegen des Zusammenbruchs des Ostblocks und damit des ideologischen Gegenpols im Kalten Krieg. Möglicherweise kann man heute aufgrund des wachsenden Zeitabstands leichter zugestehen, welchen Einschnitt und vielleicht sogar Verlust das Scheitern der Kommunisten auch für den Westen bedeutete. Ich mache dieses Zugeständnis übrigens ungern, weil ich vor und nach 1989 zu viele Menschen kennengelernt habe, die unter der kommunistischen Diktatur gelitten hatten. Dennoch bleibt der Kommunismus – Schwarzbücher hin oder her – ein ideelles Kind der europäischen Aufklärung.

Die Sozialdemokraten rückten auch deshalb in die Mitte und damit von ihrer traditionellen Wählerbasis ab, weil die Gewerkschaften eine geringere Reichweite hatten als früher. Sie versäumten es ab den Achtzigern, sich an die veränderte Arbeitswelt anzupassen und sich der prekär Beschäftigten und des neuen Dienstleistungsproletariats anzunehmen. Die schwächere Bindung zwischen Gewerkschaften und Sozialdemokraten trug dazu bei, dass die Linke es verlernte, die Sprache ihrer früheren Basis zu sprechen. Sie rekrutierte ihren politischen Nachwuchs immer mehr an den Universitäten und damit in einem nach wie vor bürgerlich geprägten Umfeld. Die Wahlsiege von Gerhard Schröder, François Hollande, Barack Obama und Matteo Renzi überdeckten diese Probleme nur. Dass sie die Wahlen durch ihren Zug zur Mitte gewannen, bestätigt die vorherige These, dass wir in einem anderen politischen Koordinatensystem leben. Doch seit 2016 ist es nochmals verrutscht, als hätte das Pendel mit seinem Eigengewicht seine Aufhängung und das gesamte politische Tableau mit sich gerissen. Nun erschienen sogar eine Zentristin wie Hillary Clinton, ein Liberaler wie George Soros und gestandene Christdemokraten wie Angela Merkel und Jean-Claude Juncker wie schlimme Linke, jedenfalls in den von rechts geführten Lagerwahlkämpfen in den USA, Großbritannien, Italien, Polen und Ungarn.

Rutschen wir in Europa oder in den USA seit dem Annus horribilis 2016 wieder in Richtung Faschismus? Das wäre nach Polanyi ein wahrscheinliches Szenario, das aus einem globalen Laissez-faire-Kapitalismus resultiert. Ich bin mir nicht sicher, ob die Geschichte so endet, auch wenn »elder stateswomen« wie Madeleine Albright davor warnen und Historiker Handreichungen ausgeben, wie man mit einer Tyrannei umgehen und Widerstand leisten kann. Ist Trump ein Faschist? Ich denke, er ist doch eher eine amerikanische Version von Berlusconi, was ihn nicht weniger angreifbar macht. Außerdem tummeln sich in seinem Umfeld Berater, die man als rechtsextrem bezeichnen kann. Würden sie einen Verlust der Regierungsmacht hinnehmen, wenn sie Wahlen verlieren? Das Zögern der Demokraten, nach den Enthüllungen des Sonderermittlers Robert Mueller ein Impeachment-Verfahren einzuleiten, weil sie Angst davor haben, dass dieser Schritt die Basis der Republikaner aufwiegeln könnte, zeigt indirekt, wie wirksam die Anmaßung von Macht sein kann. Derzeit bleibt den Gegnern von Trump nur der Trost, dass dessen Macht endlich ist. Entweder sie endet durch eine Abwahl 2020 oder spätestens nach einer zweiten Wahlperiode bzw. acht Jahren. Die amerikanische Verfassung hat diverse Defekte, darunter die Überrepräsentation ländlicher Bundesstaaten und das im Mehrheitswahlrecht angelegte Zweiparteiensystem, das nicht mehr in der Lage ist, der Vielfalt des Landes Ausdruck zu verleihen. Doch die Begrenzung der präsidialen Amtszeit ist ein enormer Vorteil.

Das zeigt nicht zuletzt der Blick auf Ungarn, denn dort regiert Viktor Orbán inzwischen seit 2010, und niemand kann sich vorstellen, dass er die Macht jemals wieder abgeben wird (wie nach seiner ersten Amtsperiode von 1998 bis 2002). Dagegen hat er vorgesorgt, die Medien sind seit 2018 komplett gleichgeschaltet, das Wahlsystem ist so manipuliert, dass die Regierungspartei Fidesz deutlich unter vierzig Prozent fallen müsste, um die Mehrheit der Sitze zu verlieren. Die Gewaltenteilung ist faktisch aufgehoben, und das Parlament hat einen Teil seiner Budgetrechte eingebüßt. Eine Demokratie ist Ungarn demnach nicht mehr.

Die Achillesferse des Regimes ist die allumfassende Korruption. Dazu nur ein bekanntes Beispiele: Lőrinc Mészáros, ein Jugendfreund von Orbán, ist zum zweitreichsten Mann des Landes aufgestiegen, sein Heimatort bekam ein völlig überdimensioniertes Fußballstadion geschenkt. Der Soziologe Bálint Magyar spricht von einem »Mafia-Staat«, in dem nichts mehr ohne die Patronage von Fidesz geht.[3] Zur internen Korruption tritt eine Art Appeasement von außen: 2017 vergab der Deutsche Wirtschaftsclub (DWC) im Rahmen des vierten Balls der Deutschen Wirtschaft in Budapest seinen Preis der Deutsch-Ungarischen Freundschaft an Mária Schmidt. Sie ist eine der ideologischen Ideengeberinnen von Fidesz und vertritt Thesen wie die, bei der EU handle es sich um eine Neuauflage der Sowjetunion, Merkel habe Deutschland zerstört und die Juden seien nicht nur Opfer, sondern Täter.[4] Wenn Deutschland solche Freunde hat, braucht es keine Feinde mehr.

Der immer krudere Nationalismus aus den führenden Reihen von Fidesz deutet auf einen Mechanismus hin, der in der Forschung zum Rechtspopulismus bislang nur begrenzt beachtet wurde: Die Hasspropaganda über äußere und innere Feinde führt offenbar zu einer Selbstradikalisierung. Das liegt zum einen an der ständigen Wiederholung nationalistischer Thesen – wahrscheinlich glauben die beiden ehemaligen Soros-Stipendiaten Orbán und Schmidt mittlerweile selbst daran, dass der bald neunzigjährige Milliardär Anführer einer jüdisch-liberalen Weltverschwörung ist. Zum anderen deutet dies auf gruppeninterne Dynamiken hin, wie man sie aus der Forschung zum modernen Nationalismus kennt. Innerhalb der rechtspopulistischen und -nationalistischen Parteien setzen sich regelmäßig jene Köpfe durch, die besonders radikale Ansichten vertreten. Die rhetorische Aufrüstung geht immer weiter, die Hasspropaganda erzeugt unter ihren Erfindern offenbar tatsächlichen Hass. Das zeigt die noch kurze Geschichte der AfD ebenso wie das Regierungskabinett von Trump, aus dem mittlerweile alle Minister verschwunden sind, die als gemäßigt, pragmatisch und (halbwegs) seriös galten. Auch Fidesz war ursprünglich eine konservative Partei, die gut zur EVP passte. Nach neun Jahren an der Regierung ist sie nun rechter als die AfD oder die FPÖ.

Diese Entwicklungen und die Abschaffung der unabhängigen Justiz haben BMW nicht davon abgehalten, nach Audi und Mercedes ebenfalls eine Autofabrik in Ungarn zu errichten. Nach wie vor locken die geringen Lohnkosten, wahrscheinlich auch das Ende 2018 erlassene Arbeitsreformgesetz, wonach ungarische Arbeitnehmer verpflichtet werden können, pro Jahr bis zu 400 Überstunden zu leisten. Obendrein dürfen sich die Unternehmen für deren Bezahlung bis zu drei Jahre Zeit lassen.[5] Wird sich das Bündnis der deutschen Autoindustrie (Audi und Mercedes produzieren seit vielen Jahren in Ungarn, sie siedelten sich an, als die Demokratie noch intakt war) mit einem autoritären Regime auf die Dauer auszahlen? Es kann BMW nicht entgangen sein, wie die ungarische Regierung nach der Finanzkrise von 2008/09 mit ausländischen Investoren umgegangen ist; sie zielt ganz klar auf die Nationalisierung von Unternehmensgewinnen.[6] Der Umgang mit der Central European University – immerhin handelt es sich um ein mittelständisches Unternehmen mit mehr als 1000 Angestellten – zeigt, dass der Rechtsstaat nur noch auf dem Papier existiert. Außerdem hat der Exodus junger, kritischer Menschen aus Ungarn den dortigen Fachkräftemangel nochmals verschärft. Man sollte den BMW-Großaktionären, die sich in der deutschen Öffentlichkeit gern als Philanthropen präsentieren, die politischen Implikationen ihrer Entscheidung für diesen Produktionsstandort vorhalten. Sie droht, den Rechtspopulismus beidseitig zu verstärken: in Ungarn durch die Bestätigung der Regierung, in Deutschland durch den möglichen Verlust gut bezahlter Stellen, was Abstiegsängste und Proteststimmen auslösen kann.

Polen wird oft in einem Atemzug mit Ungarn genannt. Das ist auch aus polnischer Sicht naheliegend, denn der PiS-Vorsitzende Jarosław Kaczyński hat sich wiederholt auf Orbán als Vorbild bezogen. Polen ist insofern von grundsätzlichem Interesse für die Forschung über den Rechtspopulismus, als es von einer allzu deterministischen Betrachtung der Zeitgeschichte mit einer direkten Entwicklungslinie vom Neoliberalismus zum Illiberalismus abhält. Scheinbar omnipräsente Phänomene – die Krise der parlamentarischen Demokratie und der Aufstieg des Rechtspopulismus – können je nach

Land sehr unterschiedliche Ursachen haben.[7] In Polen spielte der Zufall – Historiker sprechen hierbei von Kontingenz – eine wichtige Rolle; was nicht heißt, dass man strukturelle Faktoren ignorieren sollte.

Die PiS gewann die Parlamentswahlen von 2015 mit 37,6 Prozent der Stimmen, weil die vorherige liberal-konservative Regierung nach acht Jahren an der Macht verbraucht war. Zugleich war das Wahlergebnis Ausdruck des Protests gegen die starke regionale und soziale Ungleichheit sowie prekäre Arbeitsverträge, die sogar staatliche Stellen immer häufiger vergaben. Allerdings war die Wahlbeteiligung sehr niedrig, de facto stimmten nicht einmal 19 Prozent der wahlberechtigten Polen für die PiS. Dass daraus eine absolute Mehrheit im Parlament entstand, verdankt sich vor allem der Zersplitterung der linken Parteien, die allesamt den Einzug ins Parlament knapp verpassten, sowie der Schwäche der Liberalen. Seitdem verhält sich die PiS so, als hätte sie eine verfassungsändernde Zweidrittelmehrheit. Das ist das eigentliche Problem und entspricht dem »Power Grabbing« anderer rechtspopulistischen Parteien, sobald sie an die Regierung gelangt sind.

Trotz ihrer knallharten und teilweise verfassungswidrigen Machtpolitik ist die PiS aufgrund ihrer großzügigen Sozialpolitik populär und gewann die Parlamentswahlen vom Oktober 2019 mit hohem Vorsprung. Das Kindergeld in Höhe von 500 Złoty (umgerechnet etwa 120 Euro), das zuvor fast alle Experten als unbezahlbar abgelehnt hatten, ist ein großer Erfolg, aufgrund der gestiegenen Binnennachfrage sogar wirtschaftlich. Das Kindergeld kommt nicht nur deswegen so gut an, weil es armen Familien hilft, sondern auch, weil es in der Mittelschicht einen Nerv trifft. Zwar ist Polen nach 1989 so wohlhabend geworden wie nie zuvor in seiner Geschichte (im internationalen Vergleich ging es dem Land zuletzt im 16. Jahrhundert ähnlich gut), doch das allein reicht nicht aus, damit die Menschen sich wirklich abgesichert fühlen. Die von Polanyi thematisierte Erinnerung an vergangenes Unheil, an sozialen Abstieg und Arbeitslosigkeit ist noch immer präsent.[8] Die Verunsicherung während der postkommunistischen Transformation erklärt zudem teilweise, warum der fürsorgende, unter der Ägide der PiS jedoch auch autoritäre Staat so populär ist. Das Gefühl, dass die Regierung sich sogar um lokale Anliegen kümmert, zieht die ländliche und kleinstädtische Bevölkerung derzeit offenbar mehr an als das Freiheitsversprechen von 1989.

Zudem sind die heute über Fünfzigjährigen noch in einem autoritären Regime aufgewachsen. Wenn jetzt ein starker Mann wie Kaczyński die Zügel anzieht, bekämen sie eine Neuauflage der Volksrepublik, nur dass diese nicht mehr sozialistisch, sondern nationalkonservativ und katholisch geprägt wäre. Mittlerweile scheint sich die Regierung ihrer Macht so sicher, dass sie nach dem widerrechtlichen Vorgehen gegen die Justiz offen über Eingriffe in die Medienfreiheit nachdenkt. Im Sommer 2019 kündigte der eigentlich als gemäßigt geltende Vizepremier Jarosław Gowin eine »Repolonisierung der Medien« an.[9] Das zielt auf die noch unabhängigen Privatsender und vor allem die 1989 gegründete *Gazeta Wyborcza*.

Doch selbst wenn es der PiS gelingen sollte, nach der immer noch widerspenstigen Justiz auch noch die privaten Medien gleichzuschalten, steht nicht zu erwarten, dass die Entwicklung auf die Dauer so endet wie in Ungarn. Die Macht in der Regierungspartei liegt nicht so sehr in einer Hand wie bei Fidesz, außerdem unterhalten Gowin und der Justizminister Zbigniew Ziobro sogar eigene Parteiorganisationen. Innerhalb der PiS gibt es mehrere Machtzentren, die obendrein eine unterschiedliche regionale Basis haben. Die Achillesferse der PiS könnte vor allem die Wirtschafts- und Sozialpolitik werden, denn es ist unklar, wie die Regierung mit einer Rezession umgehen kann, die zu Einsparungen bei den Sozialausgaben zwingt. Ob die PiS künftig überhaupt noch abgewählt werden kann, hängt jedoch nach dem überwältigenden Sieg bei den Parlamentswahlen von 2019 letztlich von Kaczyński und der Frage ab, ob sich in seinem Umfeld künftig stärker gemäßigte und demokratisch gesinnte Politiker durchsetzen.

Die jüngste Entwicklung in der Slowakei hat gezeigt, dass der Rückhalt der Populisten auch schnell schwinden kann. In Bratislava regiert seit 2006 die ursprünglich sozialdemokratische Partei Smer (2010-2012 gab es ein liberales Intermezzo). Dass die Linke an die Macht kam, war eine Gegenreaktion auf die neoliberale Reformpolitik nach der Jahrtausendwende, als die Slowakei eine Flat Tax einführte, jedoch zugleich staatliche Leistungen stark beschnitt. Diese Politik lockte internationale Investoren und trieb das Wirtschaftswachstum an, doch wie in den anderen neuen EU-Mitgliedsländern entstand eine tiefe soziale und vor allem regionale Kluft. Im Zug der »Flüchtlingskrise« von 2015 schwenkte die Smer mit ihrem Vorsitzenden Robert Fico nach rechts und verfolgte anschließend eine ähnliche Linie wie Fidesz und die PiS.

Bei den Präsidentschaftswahlen von 2019 kippte die Stimmung dann aber gegen die Regierungspartei. Auslöser waren der Auftragsmord an einem investigativen Journalisten und seiner Verlobten im Vorjahr, der massenhafte Proteste auslöste und zum Rücktritt Ficos führte, und der Überdruss an der Smer. Die politisch unbelastete Umweltanwältin Zuzana Čaputová trat bei den Präsidentschaftswahlen an, wandte sich gegen die nationalistische Hetze und zunehmende Korruption, versprach mehr Anstand in der Politik und gewann die Wahlen deutlich. Das Beispiel der Slowakei widerlegt auch die in Deutschland häufig bemühte Teilung Europas in West und Ost. Der Wahlsieg von Čaputová ist darüber hinaus ein Signal für Ungarn, wo es zumindest der grenznahen Bevölkerung selbstverständlich auffällt, dass die Slowakei, wo eine 450 000 Menschen zählende ungarische Minderheit ansässig ist, inzwischen spürbar wohlhabender geworden ist. Das hängt wiederum mit der allumfassenden Korruption von Fidesz zusammen. Doch man kann als Historiker nicht in die Zukunft blicken, es ist möglich, dass die Smer die kommenden Parlamentswahlen doch gewinnt oder dass von ihrer Schwäche die Nationalisten und die Neonazis profitieren, die seit 2016 ebenfalls im slowakischen Nationalrat vertreten sind. Das entspräche im Prinzip der Entwicklung in Polen und Ostdeutschland, wo früher die postkommunistische Linke die meisten Proteststimmen bekam, während mittlerweile die Rechtspopulisten und -nationalisten viele dieser Wähler an sich gebunden haben.

Wenn die Liberalen die Wahlen gewinnen sollten, wird sich die Frage stellen, wie man mit Rechtspopulisten umgehen soll, sobald sie die Macht verloren haben. Hier kann man vielleicht ein wenig aus der Zeitgeschichte lernen, jedenfalls in dem Sinn, vergangene Fehler nicht zu wiederholen. Der Aufschwung des Rechtspopulismus im mittleren Europa begann in der Zeit des radikalen Neoliberalismus. In Polen erreichten links- und rechtspopulistische Parteien schon 2001 zusammen an die dreißig Prozent der Stimmen. Später verdrängten die Rechts- die Linkspopulisten, ein Szenario, das derzeit in Ostdeutschland zu beobachten ist und das sich in Italien wiederholen könnte. 2005 kam die von den Kaczyński-Zwillingen geführte PiS erstmals an die Regierung.

Bereits damals versuchte die Partei, die Unabhängigkeit der Justiz einzuschränken, und verfolgte politische Widersacher mit teilweise widerrechtlichen Methoden. Der Hauptverantwortliche war ein enger Vertrauter des PiS-Vorsitzenden Jarosław Kaczyński, Justizminister Ziobro, der zugleich als Generalstaatsanwalt eingesetzt wurde (die Zusammenlegung beider Ämter besagt nebenbei viel über das Rechtsstaatsverständnis der PiS). Als die Regierung 2007 wegen interner Streitigkeiten platzte und von der liberal-konservativen Bürgerplattform unter Donald Tusk abgelöst wurde, hätte sie Ziobro wegen seiner Rechtsverstöße (Amtsmissbrauch, rechtswidrige Einsatzbefehle der Antikorruptionsbehörde, Bruch der Verfassung) vor einen Staatsgerichtshof stellen können. Doch dazu kam es nie, so dass Ziobro nach dem Wahlsieg der PiS 2015 erneut Justizminister und Generalstaatsanwalt werden konnte – mit entsprechenden Folgen für den polnischen Rechtsstaat.

Donald Trump hat die Untersuchungen des Sonderermittlers Robert Mueller vorerst ohne formelle Anklage überstanden. Doch das lag nicht zuletzt an seiner Immunität als Präsident, die Mueller nicht aufheben konnte und wollte. Da nahezu sein gesamter ehemaliger Wahlkampfstab und sogar sein persönlicher Anwalt zu Geld- oder Haftstrafen verurteilt wurden, stellt sich die Frage, welche rechtliche Lage sich nach dem Ende seiner Amtszeit ergibt. Schon jetzt sollten die Ermittlungsbehörden genau prüfen, warum er sich bislang weigert, wie alle Präsidenten vor ihm seine Einkommenssteuerbescheide vorzulegen. Bei den Kontakten Trumps nach Russland reicht momentan eine moralische Bewertung: Wie sollte ein Präsidentschaftskandidat oder Präsident reagieren, wenn er aus dem Ausland einen Hinweis bekommt, dass schädliches Material über den politischen Gegner vorliegt? Sich interessiert zeigen und auf Absprachen einlassen oder einfach die Polizei und den Geheimdienst informieren? Trump hat zwei Monate *nach* der Veröffentlichung des Mueller-Berichts seine Antwort gegeben: »Sie haben Informationen – ich denke, ich würde sie annehmen.«[10]

Ein dritter Ermittlungsbereich, der die zuständigen Ministerien und nachgeordneten Behörden einschließen müsste, sind die Menschenrechtsverletzungen bei der Behandlung von Flüchtlingen und Migranten. Die Trennung von Eltern und Kindern nach dem Grenzübertritt wurde 2018 gerichtlich untersagt, doch das konnte nicht verhindern, dass die Behörden bis heute die Eltern Tausender Kleinkinder suchen. In den Kinderlagern herrschten entsetzliche Zustände, einige Kinder starben an Krankheiten, weil sie zu spät oder falsch behandelt wurden. Wer hat das zu verantworten? Es muss hier eine Befehlskette und Verantwortliche geben, die dafür haftbar gemacht werden können.

In Österreich versuchte sich der zurückgetretene FPÖ-Chef Heinz-Christian Strache aus der Ibiza-Affäre herauszureden, sein Angebot an die vermeintliche russische Oligarchentochter, ihr Staatsaufträge zuzuschanzen, sei eine »b'soffene G'schicht« gewesen. Hier stellt sich die Frage, inwieweit das Angebot der Korruption eine Straftat darstellt. Im Gegensatz zum ehemaligen Innenminister Ernst Strasser (ÖVP), der ebenfalls einem fingierten Korruptionsangebot aufsaß und 2014 wegen Bestechlichkeit zu drei Jahren Haft verurteilt wurde, hat Strache keine Geldsumme verlangt oder eine konkrete Gegenleistung für die erwünschte russische Wahlkampfhilfe angeboten. Dass Strache die Vergabe von Staatsaufträgen versprach, war angesichts des absehbaren Eintritts in die Regierung jedoch keine Prahlerei und kein leeres Versprechen. Die im Ibiza-Video angekündigte Gleichschaltung der Medien und Korruption von oben kommt einem Hochverrat an der Demokratie gleich. Wahrscheinlich ist Straches Verhalten nicht als solcher zu ahnden, denn der Paragraph 242 des österreichischen Strafgesetzbuches knüpft den Tatbestand des Hochverrats an den Einsatz oder die Androhung von Gewalt. Doch Strache bot in dem entlarvenden Video nichts weniger an als den Umbau Österreichs nach ungarischem Vorbild.

Dass ein solcher Umbau kein unrealistisches Szenario sein muss, zeigt die Bundespräsidentenwahl von 2016, als der FPÖ-Bewerber Norbert Hofer im ersten, später annullierten Wahlgang nur knapp eine Mehrheit verpasste. Hätte er sich durchgesetzt und zu einem Zeitpunkt Nationalratswahlen ausgelöst, als die FPÖ in den Meinungsumfragen an erster Stelle stand, wäre Strache heute möglicherweise Bundeskanzler. Der knappe Ausgang der Präsidentschaftswahlen deutet erneut auf die Bedeutung von Kontingenzen hin. Polen hatte mit der absoluten Parlamentsmehrheit der PiS Pech, Österreich vor dem Durchmarsch der FPÖ im letzten Augenblick Glück. Das lag nicht zuletzt daran, dass am Ende sogar traditionelle »Schwarze« den grünen Kandidaten Alexander Van der Bellen unterstützten. Das unterstreicht einmal mehr und über Österreich hinaus, dass es stark darauf ankommt, wie sich der sogenannte Mainstream und die konservativen Parteien zum Rechtspopulismus stellen.

Angesichts dieser Bedrohungen muss die liberale Demokratie wieder mehr Kante zeigen. Mangelnde Durchsetzungskraft wie in Polen nach 2007, ausländische Komplizenschaft wie in Ungarn und moralische Verwässerung wie in Österreich nach der Ibiza-Affäre können gefährliche Folgen haben. Ein Dilemma bleibt jedoch: Wenn man es den Rechtsnationalisten mit gleicher Münze heimzahlt, kann das rasch gegen die Grundlagen der liberalen Demokratie und die eigenen Überzeugungen verstoßen. Überhaupt ist es eine schwierige Frage, wie ein Rechtsstaat mit Politikern und Parteien umgehen soll, die prinzipiell antilegalistisch eingestellt sind.

Vielleicht kann man gelegentlich ein wenig von Rechtspopulisten lernen. Konkret auf das Beispiel Ungarn bezogen hieße das, dass die EU bei nur den geringsten Zweifeln an der korrekten Verwendung ihrer Mittel ähnliche Methoden einsetzt wie die, mit denen Orbán die CEU verfolgt und zermürbt hat: durch willkürliche Steuerprüfungen, die Rückforderung bereits genehmigter Gelder und andere bürokratische Schikanen. Ein anderer, etwas abstrakterer Lerneffekt könnte sein, die Menschenwürde, die Polanyi immer wieder betont und die eine der zentralen Forderungen der Revolutionen von 1989 war, wieder mehr in den Vordergrund zu stellen.

***

Wie werden die Historiker der Zukunft eines Tages auf diese Zeit zurückblicken? Das »Ende der Geschichte« wurde ohne Blick auf die Endlichkeit der Ressourcen der Erde und die bereits damals nachweisbare Veränderung des Klimas konstatiert. Heute, unter dem Eindruck immer neuer Rekorde bei den Jahres-, Monats- und Tagestemperaturen, müssen wir uns vor Augen führen, dass die Geschichte nicht nur weitergeht, sondern sich in eine irreversible Richtung bewegt. Angesichts dessen bedeutet der Aufstieg der Rechtspopulisten, deren Haltung zum Klimawandel nur allzu gut dokumentiert ist, vor allem eins: verlorene Zeit. Es eilt, sonst steht der Menschheit und ganz konkret uns und unseren Kindern noch eine ganz andere Große Transformation bevor.

Anmerkungen

1. Neoliberalismus, Illiberalismus und die Große Transformation nach Karl Polanyi

1 Vgl. Bella DePaulo, »What's Trump doing in your therapy room?«, in: *Psychology Today*, (7. Juni 2018), online verfügbar unter: {https://www.psychologytoday.com/us/blog/living-single/201806/what-s-trump-doing-in-your-therapy-room} (alle URL Stand Juli 2019). Dem Phänomen widmete sich auch ein ganzes Heft des *Journal of Clinical Psychology* (24/5 [Mai 2018]).

2 Vgl. Adam Tooze, *Crashed. Wie zehn Jahre Finanzkrise die Welt verändert haben*, aus dem Englischen von Norbert Juraschitz, Karsten Petersen und Thorsten Schmidt, München: Siedler 2018.

3 Diese Erkenntnis ist selbstverständlich nicht neu; vgl. Ruth Wodak, *The Politics of Fear. What Right-Wing Populist Discourses Mean*, London: Sage 2015, S. 70-96.

4 Vgl. u.a. Friedmans affirmativen Aufsatz »Neo-liberalism and its prospects«, in: *Farmand* (17. Februar 1951), S. 89-93, online verfügbar unter: {https://miltonfriedman.hoover.org/friedman_images/Collections/2016c21/Farmand_02_17_1951.pdf}; vgl. dazu auch Angus Burgin, *The Great Persuasion: Reinventing Free Markets since the Depression*, Cambridge, MA: Harvard University Press 2012, S. 170; vgl. ferner zur Ideengeschichte des Neoliberalismus Quinn Slobodian, *Globalisten. Das Ende der Imperien und die Geburt des Neoliberalismus*, aus dem Englischen von Stephan Gebauer, Berlin: Suhrkamp 2019; Daniel Stedman Jones, *Masters of the Universe: Hayek, Friedman, and the Birth of Neoliberal Politics*, Princeton: Princeton University Press 2012; Philip Mirowski/Dieter Plehwe (Hg.), *The Road from Mont Pèlerin: The Making of the Neoliberal Thought Collective*, Cambridge, MA: Harvard University Press 2009.

5 Auf Deutsch wurde das Buch mit fast dreißig Jahren Verzögerung publiziert, interessanterweise mit seinem englischen Haupttitel: *The Great Transformation. Politische und ökonomische Ursprünge von Gesellschaften und Wirtschaftssystemen*, aus dem Englischen von Heinrich Jelinek, Frankfurt am Main: Suhrkamp 1973; vgl. zur Biografie Polanyis Gareth Dale, *Karl Polanyi: A Life on the Left*, New York: Columbia University Press 2016. Der Politologe Dale hat eine

Reihe weiterer Bücher und Aufsätze über Polanyi publiziert, besonders wichtig ist die ideengeschichtliche Studie *Karl Polanyi: The Limits of the Market*, Malden: Polity Press 2010.

6 Damit soll nicht gesagt sein, dass Polanyi nur Marxist war; vgl. zu seinen Ideen zu einem christlichen Sozialismus Dale, *The Limits of the Market*, a.a.O., S. 6-8.

7 Vgl. dazu das zweite, mit »Die konservativen zwanziger und die revolutionären dreißiger Jahre« überschriebene Kapitel von *The Great Transformation*. Im 18. Kapitel kommt Polanyi noch einmal auf diesen Punkt zurück.

8 Vgl. mit Bezug auf die Polanyi-Rezeption in den neunziger Jahren Dale, *The Limits of the Market*, a.a.O., S. 227. Dale verweist hier auf ein Vierstufenmodell aus »marketization, countermovement, disruptive strains, socialist resolution/fascist irruption«.

9 Vgl. dazu, mit globaler Perspektive, das kluge Buch von Kiran Klaus Patel, *The New Deal: A Global History*, Princeton: Princeton University Press 2016. Polanyi schenkt dem New Deal erstaunlich wenig Aufmerksamkeit; vgl. zur stärkeren Regulierung und anschließenden Finanzialisierung des Kapitalismus Jürgen Kocka, *Geschichte des Kapitalismus*, München: C.H. Beck 2013, v.a. Kap. IV).

10 Die damals provokante Formulierung stammt von Alejandro Foxley, dem ersten postdiktatorischen Wirtschaftsminister, der von der katholischen Soziallehre geprägt war; vgl. zu seinen Reformkonzepten diverse Unterlagen, die im Archiv der Weltbank in den Beständen über Chile aufzufinden sind, hier konkret ein 11-seitiges Manifest aus dem Jahr 1988 und die Gesprächsprotokolle anlässlich eines Besuchs bei der Weltbank im Jahr 1989 im World Bank Archive, World Bank File 16435 (Chile – Lending, Economy and Program (LEAP) – General – Volume 2), den Anhang zum Weltbankbericht vom 18. Oktober 1988 sowie World Bank File 16436 (Chile – Lending, Economy and Program (LEAP) – General – Volume 3), Bericht vom 30.10.1989 (sämtliche hier zitierten Akten der Weltbank sind ohne Paginierung); vgl. zur chilenischen Wirtschaftspolitik und der Wende von 1989 auch Ricardo Ffrench-Davis, *Economic Reforms in Chile. From Dictatorship to Democracy*, London: Palgrave Macmillan 2010.

11 Vgl. zur zeitgenössischen Begründung der Reformen Leszek Balcerowicz, *800 Dni. Szok Kontrolowany. Zapisał: Jerzy Baczyński*, Warschau: BGW 1992. In diesem Buch verwendete Balcerowicz auch den Begriff »Schock«, den er 1989 klugerweise noch vermieden hatte; vgl. zur Konzeption der radikalen Reformen aus Sicht der ameri-

kanischen Berater David Lipton/Jeffrey D. Sachs, »Poland's economic reform«, in: *Foreign Affairs* 3/1990 (69), S. 47-66.

12 Vgl. die Zahlen in WIIW Handbook 2012, Countries by indicator, Table II/1.7; vgl. zu den Vorhersagen von Balcerowicz »Albo szybko, albo wcale«, in: *Polityka* 33/48 (2. Dezember 1989), S. 1 und 5 (hier vor allem Spalte 2 auf S. 1). Kołodkos Kritik erschien durch den Verlag geadelt auch auf Englisch; vgl. Grzegorz Kołodko, *From Shock to Therapy. The Political Economy of Postsocialist Transformation*, Oxford: Oxford University Press 2000.

13 Vgl. zu den internationalen Debatten über die Reformen in Polen den IMF »Staff Report« vom 8. Juni 1992, der im Archiv der Weltbank einsehbar ist; vgl. World Bank Archive, World Bank File 30029780 (Poland – Privatization – Volume 2). Experten der Weltbank kritisierten die durch die Austerität ausgelöste Abwärtsspirale, dagegen forderten Vertreter des IWF noch radikalere Reformen; vgl. zum immer wieder laut werdenden »liberalen Mythos« einer »kollektivistischen Verschwörung«, die dafür sorgt, dass die segensreichen Wirkungen des liberalen Programms sich nie wirklich entfalten können, Polanyi, *The Great Transformation*, a. a. O., S. 200-208.

14 Andrei Shleifer/Daniel Treisman: »Normal countries. The East 25 years after communism«, in: *Foreign Affairs* 93 (2014), online verfügbar unter: {http://www.foreignaffairs.com/articles/142200/andrei-shleifer-and-daniel-treisman/normal-countries}. Sachs setzte in seiner weiteren Laufbahn einen Schwerpunkt auf die Entwicklungsökonomie und die Armutsbekämpfung und steht heute in den USA links vom Mainstream der Demokratischen Partei.

15 Vgl. Hilary Appel/Mitchell Orenstein, *From Triumph to Crisis, Neoliberal Economic Reform in Postcommunist Countries*, Cambridge: Cambridge University Press 2018, S. 111-141.

16 Vgl. dazu Philipp Ther, *Die neue Ordnung auf dem alten Kontinent. Eine Geschichte des neoliberalen Europa*, aktualisierte Ausgabe, Berlin: Suhrkamp 2016, S. 126-127.

17 Vgl. dazu die Statistiken in Zenonus Norkus, *On Baltic Slovenia and Adriatic Lithuania. A Qualitative Comparative Analysis of Patterns in Post-Communist Transformation*, Budapest: CEU Press 2012.

18 Vgl. Branko Milanović, »Reform and inequality in the transition: An analysis using panel household survey«, in: Gérard Roland (Hg.): *Economies in Transition. The Long Run View*, London: Palgrave 2013, S. 84-108, S. 101.

19 Vgl. zu den hier zitierten und weiteren Daten Robert H. Frank, *Falling Behind: How Rising Inequality Harms the Middle Class*,

2. Aufl., Berkeley: University of California Press 2013, S. 6-15 (Kapitel 2 über die Ungleichheit bei Einkommen und Vermögen).

20 Vgl. dazu die prämierten Einsendungen zum Wettbewerb »Rok 1989: koniec, przełom, początek ...?« (Das Jahr 1989: Ende, Umbruch, Anfang...?), die auf der Webseite von Karta online verfügbar sind unter: {http://uczyc-sie-z-historii.pl/pl/historia-bliska/archiwum/prace/18}. Insgesamt liegen 144 Texte im Archiv des Zentrums.

21 Vgl. Dorothee Bohle/Béla Greskovits, *Capitalist Diversity on Europe's Periphery*, Ithaca: Cornell University Press 2012, S. 225.

22 Vgl. Niall Ferguson, *Civilization: The West and the Rest*, London: Allen Lane 2011. Wer sich für den westlichen Exzeptionalismus interessiert, sollte m. E. besser David Landes oder Max Weber lesen.

23 Vgl. Polanyi, *The Great Transformation*, a. a. O., S. 192.

24 Vgl. Polanyi, *The Great Transformation*, a. a. O., S. 212. Die deutsche Übersetzung habe ich an dieser Stelle leicht modifiziert. Im Original heißt es »social recognition«, in der Suhrkamp-Ausgabe »gesellschaftliche Anerkennung«. Ich bin aufgrund der Spezifik des Begriffs und seines Bezugs auf verschiedene soziale Klassen der Meinung, dass man dies entsprechend übersetzen sollte.

25 Polnische Linguisten legen großen Wert auf die Feststellung, dass es sich dabei um ein aus dem Russischen übernommenes Fremdwort handle. Der erste Eintrag in ein Sprachlexikon lässt sich 1992 nachweisen, ab Mitte der Neunziger nahm die Verwendung stark zu; vgl. dazu Michał Sarnowski, »Nieudacznik«: pożyczka leksykalna czy wyraz obcy?, in: *Acta Polono-Ruthenica* 13 (2008), S. 521-530, online verfügbar unter: {http://bazhum.muzhp.pl/media//files/Acta_Polono_Ruthenica/Acta_Polono_Ruthenica-r2008-t13/Acta_Polono_Ruthenica-r2008-t13-s521-530/Acta_Polono_Ruthenica-r2008-t13-s521-530.pdf} (Stand Juli 2019).

26 Die Fachliteratur dazu wird hier aus Platzgründen nicht näher vorgestellt, sehr kritisch zu Hartz-IV steht u. a. Christoph Butterwegge; vgl. dazu sein Buch *Hartz IV und die Folgen. Auf dem Weg in eine andere Republik?*, Weinheim/Basel: Beltz Juventa 2015.

27 Der Errichtung von Märkten für die nach Polanyi »fiktive Ware« Arbeit sind in *The Great Transformation* mehrere Abschnitte gewidmet, vgl. insbesondere Kapitel 14 »Mensch und Markt« (a. a. O., S. 224-243).

28 Polanyi setzt sich mit dem bewussten Einsatz der Angst vor der »Pein des Hungers« sehr ausführlich anhand von Aussagen konservativer englischer Autoren wie Joseph Townsend (1739-1816) zu den Elisabethanischen Armengesetzen auseinander, die zumindest

einen gewissen Schutz geboten hatten, bis sie 1834 reformiert wurden; vgl. Polanyi, *The Great Transformation*, a. a. O., Kap. 10.

29 Wie sehr der IWF und die Weltbank auf Kürzungen im Sozialsystem drängten, hat eine Masterarbeit über die Slowakei gezeigt; vgl. Lukas Schweighofer, *Vom Aschenputtel zum Tatra-Tiger: Die slowakische Wirtschaftspolitik im Lichte des IWF und der Weltbank 1993-2006*, Wien: Masterarbeit an der Historisch-Kulturwissenschaftlichen Fakultät 2018.

30 Vgl. Paul Collier, *Sozialer Kapitalismus! Mein Manifest gegen den Zerfall unserer Gesellschaft*, aus dem Englischen von Thorsten Schmidt, Berlin: Siedler 2019.

31 Das ist eine der Schlussfolgerungen des klugen Buches (und früherer Publikationen) von Philip Manow, *Die politische Ökonomie des Populismus*, Berlin: Suhrkamp 2018.

32 Alex Wickham, »Boris Johnson backed a Singapore-style tax-free port at Bristol 6 weeks after receiving £ 25,000 from the Bristol Port Company«, in: *Buzzfeed* (5. Juli 2019), online verfügbar unter: {https://www.buzzfeed.com/alexwickham/boris-johnson-bristol-port-company-free}.

2. Den Frieden verloren. Die USA nach dem Kalten Krieg

1 Im Original sagte Clinton: »Our hopes, our hearts, our hands, are with those on every continent who are building democracy and freedom. Their cause is America's cause« William Jefferson Clinton, »First inaugural address« (20. Januar 1993), online verfügbar unter: {http://www.let.rug.nl/usa/presidents/william-jefferson-clinton/first-inaugural-address-1993.php} (alle URL Stand Juli 2019).

2 Vgl. zur These von der »double transition« zur freien Marktwirtschaft und zur Demokratie, die notwendigerweise miteinander verkoppelt seien, David Lipton/Jeffrey D. Sachs, »Poland's economic reform«, in: *Foreign Affairs* 69/3 (1990), S. 47-66.

3 Im Original heißt es: »[T]he corresponding electoral success of conservative parties from Britain and Germany to the United States and Japan, which are unabashedly pro-market and anti-statist«; Francis Fukuyama, »The end of history?«, in: *The National Interest 16* (Sommer 1989), S. 3-18, hier S. 10, Spalte 1; online ist der Text im Original verfügbar unter: unter {https://www.jstor.org/stable/pdf/24027184.pdf}. »Unabashedly« ist ein Wort, das heute in den

USA seltener benutzt wird, wörtlich heißt es unverfroren. Fukuyama analysiert in dem Essay auch ausführlich die Entwicklung in der Sowjetunion, wobei 1989 niemand danach fragte, ob er die notwendigen Sprachkenntnisse und ausreichend Wissen über die UdSSR besaß, um sich qualifiziert zu äußern.

4 Francis Fukuyama, *Identität. Wie der Verlust der Würde unsere Demokratie gefährdet*, aus dem Englischen von Bernd Rullkötter, Hamburg: Hoffmann und Campe 2019. Die erwähnte Langversion seines Essays von 1989 wurde auf Deutsch veröffentlicht als *Das Ende der Geschichte. Wo stehen wir?* (aus dem Englischen von Helmut Dierlamm, München: Kindler 1992).

5 In der Regierungszeit von Ronald Reagan und George Bush hatten sich die Gesundheitskosten verdreifacht, u. a. wegen der neoliberalen Privatisierungspolitik im Gesundheitswesen; vgl. zu den Kostensteigerungen Kevin M. Kruse/Julian E. Zelizer, *Fault Lines: A History of the United States Since 1974*, New York: Norton 2019, S. 211.

6 Das soll jetzt keine Kritik an meiner Alma Mater sein, in anderen Seminaren lernten wir umso mehr über Sozialgeschichte und die Emanzipation der Afroamerikaner.

7 Vgl. zum »Shutdown« Kruze/Zelizer, *Fault Lines*, a. a. O., S. 222.

8 Mudde und Kaltwasser definieren Populismus als »dünne Ideologie, die davon ausgeht, dass die Gesellschaft letztendlich in zwei homogene und antagonistische Lager gespalten ist – »das reine Volk« vs. die »korrupte Elite« – und die den Anspruch vertritt, dass die Politik den volonté générale (Gemeinwillen) zum Ausdruck zu bringen hat« (Cas Mudde/Cristóbal Rovira Kaltwasser, *Populism. A Very Short Introduction*, Oxford/New York: Oxford University Press 2017, S. 6 [im Original kursiv]); siehe auch Jan-Werner Müller, *Was ist Populismus? Ein Essay*, Berlin: Suhrkamp 2016, S. 42f.

9 Vgl. das ausführliche Porträt von McKay Coppins, »Stephen Miller: Trump's right hand troll«, in: *The Atlantic* (28. Mai 2018), online verfügbar unter: {https://www.theatlantic.com/politics/archive/2018/05/stephen-miller-trump-adviser/561317/}; vgl. zu Millers Einfluss auf die Immigrations- und Asylpolitik der USA auch Maggie Haberman, »Aide who whispered immigration agenda in Trump's ear is still at it«, in: *New York Times* (4. November 2018), S. A12.

10 Zitiert nach Kruze/Zelizer, *Fault Lines*, a. a. O., S. 219.

11 Vgl. dazu und zu den Grundlagen der Reagonomics aus einer demokratietheoretischen und nicht notwendigerweise kapitalismuskritischen Perspektive Monika Prasad, *Starving the Beast. Ronald*

Reagan and the Tax Cut Revolution, New York: Russell Sage Foundation 2018.

12 Vgl. Adam Tooze, *Crashed*, a.a.O., S. 196-238.

13 Der letzte prominente Fall war 1998 Microsoft bzw. die Versuche der Firma, die Internetbrowser zu monopolisieren. Um nicht aufgeteilt zu werden wie AT&T, änderte das Unternehmen daraufhin seine Praktiken, was wiederum den Aufstieg von Google, Facebook und anderen Internetfirmen ermöglichte.

3. Der Preis der Einheit. Die Transformation der Bundesrepublik nach 1989

1 N.N., »The sick man of the euro«, in: *The Economist* (3. Juni 1999), online verfügbar unter: {https://www.economist.com/special/1999/06/03/the-sick-man-of-the-euro}. Die in diesem Essay zitierten Wirtschaftsdaten beruhen auf der aktualisierten Version meines Buches *Die neue Ordnung auf dem alten Kontinent* (a.a.O.) und den Forschungen dazu; vgl. zur Diskussion über die Krise Deutschlands in den späten Neunzigern auch Hartmut Berghoff, »Die 1990er Jahre als Epochenschwelle? Der Umbau der Deutschland AG zwischen Traditionsbruch und Kontinuitätswahrung«, in: *Historische Zeitschrift* 308/2 (2019), S. 364-400, S. 369.

2 Vgl. Marcus Böick, *Die Treuhand. Idee – Praxis – Erfahrung 1990-1994*, Göttingen: Wallstein 2018.

3 Robert Heilbroner, »The triumph of capitalism«, in: *The New Yorker* (23. Januar 1989), S. 98. Heilbroner gehörte zu den wenigen amerikanischen Wirtschaftswissenschaftlern, der die ökonomische Entwicklung unter Clinton und weltweit sehr kritisch sah.

4 Vgl. zur Berechnung des Umtauschkurses Gerlinde Sinn/Hans-Werner Sinn, *Kaltstart. Volkswirtschaftliche Aspekte der deutschen Vereinigung*, 2., neubearbeitete Auflage, Tübingen: Mohr-Siebeck 1992, S. 54-64; vgl. zum Vorschlag der DDR-Staatsbank ein Interview des Deutschlandfunks vom 28 Februar 2015 mit deren damaligem Vizepräsidenten Edgar Most, online verfügbar unter: {http://www.deutschlandfunk.de/25-jahre-treuhandanstalt-eine-einzige-schweinerei.694.de.html?dram:article_id=312882}.

5 Vgl. hierzu und zu den nachfolgenden Daten erneut Böick, *Die Treuhand*, a.a.O.

6 Vgl. zur Ost-West-Migration Bernd Martens, »Zug nach Westen – anhaltende Abwanderung« (30. März 2010), online verfügbar unter:

{http://www.bpb.de/geschichte/deutsche-einheit/lange-wege-der-deutschen-einheit/47253/zug-nach-westen?p=all}.

7 An der Universität Wien haben wir dieses Thema im Rahmen des Doktoratskollegs Galizien näher behandelt. Dort hat Ilona Grabmaier eine anthropologische Dissertation über westukrainische Dörfer und die dort zurückgebliebenen Familienangehörigen von Arbeitsmigranten verfasst, Matthias Kaltenbrunner befasste sich mit den globalen Netzwerken von Migranten aus Ostgalizien bzw. der Westukraine.

8 Vgl. Philip Manow, *Die politische Ökonomie des Populismus*, Berlin: Suhrkamp 2018, S. 94.

9 Vgl. Martin Diewald/Anne Goedicke/Karl Ulrich Mayer (Hg.), *After the Fall of the Wall. Life Courses in the Transformation of East Germany*, Stanford: Stanford University Press 2006.

10 Vgl. zum Interview N. N.: »›Zum Kotzen‹: Helmut Schmidt wettert gegen Jammer-Ossis«, in: *Spiegel online* (11. Oktober 2003), online verfügbar unter: {http://www.spiegel.de/politik/deutschland/zum-kotzen-helmut-schmidt-wettert-gegen-jammer-ossis-a-269386.html}.

11 Vgl. die Zahlen zu den Unternehmen in Ivan T. Berend, *From the Soviet Bloc to the European Union*, Cambridge: Cambridge University Press 2009, S. 61.

12 Vgl. zur Krise des deutschen Sozialstaats Gerhard A. Ritter, *Der Preis der deutschen Einheit. Die Wiedervereinigung und die Krise des Sozialstaates*, München: C.H. Beck 2006.

13 Nach Angaben von Hartmut Berghoff gingen von 1991 bis 2002 im produzierenden Gewerbe 3,7 Millionen Arbeitsplätze verloren, 3,3 Millionen davon in der alten Bundesrepublik; vgl. Berghoff, »Die 1990er Jahre als Epochenschwelle?«, a. a. O., S. 390.

14 Diese Straftaten wurden in den nuller Jahren u. a. als »Rohheitsdelikte« erfasst, die mit gewissen Schwankungen auf einem hohen Niveau von bis zu knapp 70 000 Fällen pro Jahr lagen. Die genauen Fallzahlen sind ab 2002 auf der Webseite der Berliner Polizei online verfügbar unter: {https://www.berlin.de/polizei/verschiedenes/polizeiliche-kriminalstatistik/}.

15 Vgl. zu den rot-grünen Sozial- und Wirtschaftsreformen Edgar Wolfrum, *Rot-Grün an der Macht. Deutschland 1998-2005*, München: C.H. Beck 2013. Die Hartz-Reformen sind jedoch nur in einem weiteren Kontext verständlich; vgl. allgemeiner zu den neoliberalen Reformen im postkommunistischen Europa Hilary Appel/Mitchell Orenstein, *From Triumph to Crisis: Neoliberal Economic*

Reform in Postcommunist Countries, Cambridge: Cambridge University Press 2018, S. 90-116. Selbstverständlich war für Schröder und die Sozialdemokraten Blairs New Labour ebenfalls ein wichtiger Bezugspunkt; insofern muss man die Kotransformation relativieren bzw. darf sie nicht zu monokausal betrachten.

16 Die bekannteste Version davon war das vom damaligen Vorsitzenden der Unionsfraktion im deutschen Bundestag, Friedrich Merz, vorgeschlagene Steuermodell mit drei Tarifen und einem Spitzensteuersatz von 36 Prozent (Merz meinte damals, die Menschen sollten auf einem Bierdeckel ausrechnen können, wie viel Steuern sie zahlen müssen; daher ging sein Vorschlag als Bierdeckel-Modell in die Geschichte ein). Diese Reformidee reichte offenbar, um sich einen Ruf als Finanzexperte aufzubauen, der Merz nach dem Ausscheiden aus der Politik später den Posten als Aufsichtsratsvorsitzender von Blackrock Deutschland eintrug. Es handelt sich dabei um einen global tätigen Finanz- und Investmentkonzern, der u.a. darauf spezialisiert ist, Firmen aufzuteilen und profitable Teile weiterzuverkaufen.

17 Die hier genannten Daten für die skandinavischen und ostmitteleuropäischen Länder sind online verfügbar unter: {http://www.gini-research.org/articles/cr}. In den jeweiligen Länderberichten bzw. »country reports« ist neben den Daten auch die Art der Erhebung aufgeführt.

18 Die Angabe 1,6 Billionen Euro beruht auf Jürgen Kühl, »25 Jahre deutsche Einheit: Annäherungen und verbliebene Unterschiede zwischen West und Ost« (4. Juli 2014), online verfügbar unter: {http://www.bpb.de/politik/innenpolitik/arbeitsmarktpolitik/55390/25-jahre-deutsche-einheit?p=all}. Das Problem bei diesen Schätzungen liegt darin, dass die Bundesregierung seit 1999 keine genauen Statistiken über Transferzahlungen mehr erhebt. Zu den Transferzahlungen gehören außerdem Aufbauhilfen (die jedoch teilweise auch in Westdeutschland beantragt werden konnten) und Sonderleistungen wie z.B. spezielle Wirtschaftsförderungsprogramme. Eine umfangreiche Berechnung aller einzelnen Ausgabenarten und der Rückflüsse wird geleistet in Ulrich Blum et al., *Regionalisierung öffentlicher Ausgaben und Einnahmen. Eine Untersuchung am Beispiel der Neuen Länder*, *IWH-Sonderheft* 4/2009, online verfügbar unter: {https://www.econstor.eu/bitstream/10419/140919/1/SH_09-4.pdf}.

19 Diese Angaben beruhen auf kollationierten Wirtschaftsdaten für alle fünf Bundesländer, vgl. dazu Ther, *Die neue Ordnung auf dem*

alten Kontinent, a.a.O. Die dort benutzten Daten über die sogenannten NUTS 2-Regionen sind auf der Website von Eurostat online verfügbar unter: {https://ec.europa.eu/eurostat/tgm/table.do?tab=table&init=1&language=en&pcode=tgs00006&plugin=1}. Die Daten von Eurostat werden regelmäßig angepasst, so brachte u.a. die letzte Volkszählung in der Bundesrepublik Änderungen, weil die Bevölkerungszahl nach unten korrigiert und somit das Pro-Kopf-BIP nach oben angepasst wurde. Selbstverständlich gibt es umfassendere Wirtschaftsdaten als das BIP wie z.B. den Human Development Index (HDI), doch nur das BIP wurde seit 1989 regelmäßig auch auf regionaler und kommunaler Ebene erhoben.

20 Vgl. dazu u.a. Luis Cornago Bonal/Delia Zollinger, »Immigration, welfare chauvinism and the support for radical right parties in Europe« (19. März 2018), online verfügbar unter: {https://blogs.lse.ac.uk/eurocrisispress/2018/03/19/immigration-welfare-chauvinism-and-the-support-for-radical-right-parties-in-europe/}. In dem Artikel wird auch die aktuelle Literatur zum Thema aufgeführt.

21 Polanyi, *The Great Transformation*, a.a.O., S. 189.

4. La Crisi. Der Abstieg Italiens als Menetekel Europas

1 Vgl. zum Aufstieg Berlusconis Guido Crainz, *Storia della Repubblica. L'Italia dalla Liberazione ad oggi*, Rom: Donzelli 2016, S. 306-313.

2 Vgl. zu Salvinis Twitter-Aktivismus Giuseppe Alberto Falci, »Un post ogni due ore: il record social di Salvini, ministro 2.0«, in: *Corriere della Sera* (1. August 2018), online verfügbar unter: {https://www.corriere.it/cronache/18_agosto_01/post-ogni-due-ore-record-social-matteo-salvini-ministro-interno-93580b1c-9595-11e8-819d-89f988769835.shtml?refresh_ce-cp}; vgl. zu Trump Joseph D. Lyons, »How many times does Trump tweet a day?«, in: *Bustle* (21. Mai 2018), online verfügbar unter: {https://www.bustle.com/p/how-many-times-does-trump-tweet-a-day-the-president-basically-lives-on-twitter-8909583}.

3 Vgl. Fabio Tonacci, »Salvini, il ministro latitante: nel 2019 al ministero solo 17 giornate piene«, in: *La Repubblica* (14. Mai 2019), online verfügbar unter: {https://www.repubblica.it/cronaca/2019/05/14/news/il_ministro_latitante-226209342/?ref=RHPPLF-BH-I226216739-C8-P2-S1.8-T1&refresh_ce}.

4 Bei Cas Mudde und anderen Politikwissenschaftlern, die sich seit langer Zeit mit dem Rechtspopulismus befassen, wird er natürlich erwähnt; vgl. u.a. einführend Cas Mudde/Cristóbal Rovira Kaltwasser, *Populism: A Very Short Introduction*, New York: Oxford University Press 2017. In Italien selbst gibt es selbstverständlich eine umfangreiche zeitgenössische Literatur, vgl. u.a. (mit interessanten Bezügen auf den lateinamerikanischen Populismus) Nicola Tranfaglia, *Populismo autoritario. Autobiografia di una nazione*, Mailand: Dalai 2010; (mit einer längeren Vorgeschichte ab 1944) Marco Tarchi, *L'Italia populista. Dal qualunquismo a Beppe Grillo*, Bologna: Il Mulino 2014.

5 Vgl. zu dem Skandal und seinen Details Paul Ginsborg, *L'Italia del tempo presente. Famiglia, società civile, Stato, 1980-1996*, 2. Auflage, Turin: Einaudi 2007^2, S. 341-350.

6 Sämtliche hier aufgeführten Zahlen zu den Budgetdefiziten Italiens und seiner Gesamtverschuldung beruhen auf einem ausführlichen Forschungsbericht des Thinktanks The European House – Ambrosetti (www.ambrosetti.eu). Die Langversion ist dort auf Anfrage erhältlich. Die nach Jahren und Regierungen aufgeschlüsselte Entwicklung der Verschuldung findet sich in Anhang (*appendice*) 6. Eine Kurzversion wurde im *Corriere della Sera* veröffentlicht: Federico Fubini, »Cernobbio, il livello record del debito: l'Italia come ai tempi di guerra«, in: *Corriere della Sera* (5. April 2019), online verfügbar unter: {https://roma.corriere.it/notizie/cronaca/19_aprile_05/livello-record-debito-come-tempi-guerra-df2f9b6a-57da-11e9-9553-f00a7f633280.shtml}.

7 Vgl. zu diesem (u.a. mit Zitaten aus dem Wahlkampf 1994 illustrierten) »Managerismus« 1994 Giovanni Orsina, *Il berlusconismo nella storia d'Italia*, Venedig: Marsilio 2013, S. 173 sowie das gesamte dritte Kapitel.

8 Vgl. die Daten in Anhang 6 des in Anmerkung 6 genannten Berichts.

9 Wann genau Italien Großbritannien überholte, war seinerzeit sehr umstritten; vgl. Paul Ginsborg, *Storia d'Italia dal dopoguerra a oggi. Società e politica 1943-1988*, Turin: Einaudi 1989, S. 549.

10 Vgl. zur Geschichte des Konzerns Giovanni De Witt, *Le fabbriche ed il mondo: L'Olivetti industriale nella competizione globale, 1950-90*, Mailand: Franco Angeli 2005.

11 Vgl. zu den Erfolgen von Fiat in den Achtzigern Ginsborg, *Storia d'Italia dal dopoguerra*, a.a.O., S. 548; vgl. zur Expansion von Fiat in Osteuropa Valentina Fava, »Between business interests and ideological marketing: The USSR and the Cold War in Fiat corporate

strategy, 1957-1972«, in: *Journal of Cold War Studies* 20/4 (2018), S. 26-64.

12 Anhand von Olivetti, Fiat und Unternehmen, die im Rahmen der staatlichen Industrieholding Iri groß wurden, könnte man gut eine Wirtschafts- und Sozialgeschichte Italiens schreiben. Das wäre angesichts des Niedergangs seit Mitte der Neunziger eine dringende Aufgabe, nicht zuletzt mit Blick auf die Frage, wie eine Trendumkehr gelingen kann.

13 Man könnte dies als »neoliberalism by design« und »neoliberalism by accident« ins Englische übertragen. Dies als Anmerkung zur laufenden internationalen Forschungsdebatte über den Neoliberalismus.

14 Das neue Wahlrecht wurde als »Porcellum« bekannt und galt bis zu einem negativen Urteil des Verfassungsgerichtshofs im Jahr 2013.

15 Ab 2010 wurden die Regionalfonds für Süditalien dann jedoch zur Bekämpfung der Krise und für andere Aufgaben umgewidmet; vgl. dazu Vgl. Francesco Barbagallo, *La questione italiana. Il Nord e il Sud dal 1860 a oggi*, Rom: Laterza 2013, S. 207f.

16 Vgl. zur Radikalität der Lega und ihren diversen illegalen und zum Teil gewalttätigen Aktionen Crainz, *Storia della Repubblica*, a. a. O., S. 326.

17 Vgl. N. N.: »Fallimenti record per colpa dei debiti Pa«, in: *La Repubblica* (3. Februar 2014), online verfügbar unter: {http://www.repubblica.it/economia/2014/02/03/news/fallimenti_record_per_colpa_dei_debiti_pa_cgia_alle_imprese_mancano_ancora_100_mld-77592615/}.

18 Als Berlusconi 1994 die Regierung übernahm, war noch die Lira im Umlauf. Die Berechnung der Schulden in Euro (und nach den Preisen des Jahres 2018) beruht erneut auf dem Forschungsbericht des Thinktanks The European House – Ambrosetti (siehe Anmerkung 6).

19 Vgl. zur Entwicklung des Spread im Jahr 2011 Michela Scacchioli, »Da Berlusconi a Monti. La drammatica estate 2011 tra spread e rischi di bancarotta«, in: *La Repubblica* (10. Februar 2014), online verfügbar unter: {http://www.repubblica.it/politica/2014/02/10/news/estate_2011_spread_berlusconi_bce_monti_governo_napolitano-78215026/}; vgl. zu den Ursachen und zum Verlauf der Krise Adam Tooze, *Crashed. Wie zehn Jahre Finanzkrise die Welt verändert haben*, aus dem Englischen von Norbert Juraschitz und Karsten Petersen, München: Siedler 2018.

20 Drei eher gegenwartsbezogene Bücher Ginsborgs sind auf Deutsch bei Wagenbach erschienen; *Die geführte Familie. Das Private in Re-*

volution und Diktatur 1900-1950 erschien 2014 bei Hoffmann und Campe (Hamburg, aus dem Englischen von Heike Schlatterer, Ursula Held und Norbert Juraschitz). Meine Bezugspunkte sind vor allem seine Geschichte Italiens in der Nachkriegszeit (*Storia d'Italia dal dopoguerra a oggi*, a.a.O.) und der Nachfolgeband *L'Italia del tempo presente* (a.a.O.).

21 Vgl. Ginsborg, *L'Italia del tempo presente*, a.a.O., S. 207; vgl. zum Ausbau von Berlusconis Medienimperium ab Mitte der Achtziger Crainz, *Storia della Repubblica*, a.a.O., S. 245.

22 Sämtliche Statistiken sind mit verschiedenen Ländervergleichen auf der Webseite der OECD verfügbar unter: {https://data.oecd.org/eduatt/population-with-tertiary-education.htm; https://data.oecd.org/eduatt/adult-education-level.htm} und {https://data.oecd.org/eduresource/education-spending.htm}; vgl. zu den Defiziten im Bildungswesen auch Crainz, *Storia della Repubblica*, a.a.O., S. 330f. Crainz weist zu Recht darauf hin, dass auch angesichts des steigenden Anteils von Migrantenkindern wesentlich mehr in die Schulen investiert werden müsste.

23 Vgl. dazu die Angaben der Bildungsgewerkschaft FLC CGIL zum »Legge di stabilità« von 2010, online verfügbar unter: {http://www.flcgil.it/attualita/sindacato/legge-di-stabilita.-confermati-i-tagli.-pochi-interventi-a-favore-della-conoscenza}; vgl. zu den Internetanschlüssen und zur Versorgung der Haushalte mit Breitbandkabelanschlüssen Heide Seybert, »Internet use in households and by individuals in 2012«, in: Eurostat, *Statistics in Focus* 50/2012, online verfügbar unter: {https://ec.europa.eu/eurostat/documents/3433488/5585460/KS-SF-12-050-EN.PDF/39000dab-e2b7-49b2-bc4b-6aad0bf01279}.

24 Vgl. dazu auch anhand anderer Indikatoren als der Internetausstattung Philipp Ther, *Die neue Ordnung auf dem alten Kontinent*, a.a.O., S. 260f.

25 Das Reddito di cittadinanza entspricht einem älteren südeuropäischen Modell von Sozialstaatlichkeit, das vor allem auf der Auszahlung von Geldern, nicht auf guten staatlichen Institutionen und Dienstleistungen beruht; vgl. zu dieser Tradition, die auch ein Teil des Problems ist, Claude Martin, »Southern welfare states. Configuration of the welfare balance between state and the family«, in: Martin Baumeister/Roberto Sala (Hg.), *Southern Europe? Italy, Spain, Portugal, and Greece from the 1950s until the Present Day*, Frankfurt am Main: Campus 2015, S. 77-102.

26 Vgl. Ginsborg, *L'Italia del tempo presente*, a.a.O., S. 195f.; vgl. zur

verstärkten Abhängigkeit von Familiennetzwerken (andere Autoren sprechen auch vom »familialism by default«) außerdem Martin, *Southern Welfare States*, a.a.O., S. 88-90.

27 Vgl. zu den Daten von 1992/93 Ginsborg, *L'Italia del tempo presente*, a.a.O., S. 146f.; vgl. zu den Erhebungen von 2018 F.Q., »Italiani mammoni: tra i 18 e i 34 anni il 66% vive coi genitori«, in: *Il Fatto Cottidiano* (17. Dezember 2018), online verfügbar unter: {https://www.ilfattoquotidiano.it/2018/12/17/italiani-mammoni-tra-i-18-e-i-34-anni-il-66-vive-coi-genitori-peggio-di-noi-solo-grecia-croazia-e-malta/4843022/} (72,7 Prozent der jungen Männer leben bei den Eltern gegenüber sechzig Prozent der Frauen aus derselben Altersgruppe).

28 Vgl. Ther, *Die neue Ordnung auf dem alten Kontinent*, a.a.O., S. 268; vgl. zu den niedrigen Verdiensten von Arbeitnehmern unter 35 auch Alberto Magnani, »Redditi e pensioni, la bomba a orologeria dei giovani in Italia«, in: *Il Sole 24 ore* (17. Oktober 2017), online verfügbar unter: {https://www.ilsole24ore.com/art/impresa-e-territori/2017-10-16/redditi-e-pensioni-bomba-orologeria-giovani-italia-160402.shtml?uuid=AEv4L10C}.

29 Vgl. Ther, *Die neue Ordnung auf dem alten Kontinent*, a.a.O., S. 264.

30 Vgl. zu den regionalen Dimensionen der Krise Raffaele Ricciardi: »Il Pil del Sud è il 42% meno del Nord. Così la crisi ha segnato il Mezzogiorno«, in: *La Repubblica* (27. November 2013), online verfügbar unter: {www.repubblica.it/economia/2013/11/27/news/conti_economici_regionali_istat_nord_sud-72073979/} (Stand Mai 2014).

31 Vgl. zum Klientelismus in Firmen Bruno Pellegrino/Luigi Zingales, »Diagnosing the Italien disease«, National Bureau of Economic Research, Working Paper 23964, online verfügbar unter: {https://www.nber.org/papers/w23964}.

32 Die von der EU-Statistikbehörde Eurostat gesammelten Daten zur Emigration sind online verfügbar unter: {http://appsso.eurostat.ec.europa.eu/nui/show.do?dataset=migr_emi2&lang=en}. Die italienische Community in London vergrößerte sich von 2006 bis 2012 um 150 Prozent; vgl. Russell King, »Migration and Southern Europe. A center-periphery dynamic?«, in: Sala/Baumeister (Hg.), *Southern Europe*, a.a.O., S. 139-169, S. 161.

33 Vgl. dazu erneut den Forschungsbericht des Thinktanks The European House – Ambrosetti. Dort (S. 12, S. 16) sind die Primärüberschüsse von 1990-2007 ebenso aufgeführt wie das Budgetdefizit nach Zinszahlungen.

34 Das fällt nur nicht so auf, weil die soziale Ungleichheit international vor allem anhand der Einkommensungleichheit bzw. des Gini und nicht der Ungleichheit der Vermögen gemessen wird.

35 Vgl. zum Investitionsplan der EU von 2014 Gustav Theile, »Juncker feiert seinen Investitionsplan – trotz Kritik«, in: *Frankfurter Allgemeine Zeitung* (18. Juli 2018), online verfügbar unter: {https://www.faz.net/aktuell/wirtschaft/konjunktur/juncker-feiert-seinen-investitionsplan-trotz-kritik-15696986.html}.

36 In Frankreich ist das anders. Dort verfolgt u. a. Marc Lazar an Sciences Po jeden Winkelzug der italienischen Politik, ohne den rhetorischen Versuchsballons von Salvini oder dem M5S aufzusitzen. In Frankreich gibt es auch diverse Professoren italienischer Herkunft.

37 Diesen Vorschlag brachte der Internationale Währungsfonds 2013 ins Spiel; vgl. International Monetary Fund, *Fiscal Monitor: Taxing Times* (Oktober 2013), online verfügbar unter: {https://www.imf.org/en/Publications/FM/Issues/2016/12/31/Taxing-Times}, v. a. S. 49.

38 Vgl. Anmerkung 6.

5. Der Westen, Russland und die Türkei: Geschichte einer Entfremdung

1 Vgl. zu den Militärcoups und zur Demokratisierung der Türkei Stefan Plaggenborg, »Kemalismus und Bolschewismus. Ungleiche Brüder und ihr historisches Erbe«, in: *Osteuropa* 68/10-12 (2018), S. 51-80, S. 65-69.

2 Plaggenborg schätzt die Zahl aller Opfer der rechts- und linksextremen Gewalt in den Siebzigern auf 6000 (ebd., S. 69).

3 Vgl. Tim Szatkowski, *Die Bundesrepublik Deutschland und die Türkei 1978 bis 1983*, Berlin: De Gruyter 2016, S. 34; Karin Hunn, *»Nächstes Jahr kehren wir zurück …«. Die Geschichte der türkischen »Gastarbeiter« in der Bundesrepublik*, Göttingen: Wallstein 2005, S. 458, S. 552.

4 Vgl. zu Letzteren u. a. Jannis Panagiotidis, »Postsowjetische Migranten in Deutschland. Perspektiven auf eine heterogene Diaspora«, in: *Aus Politik und Zeitgeschichte* 67/11-12 (2017), S. 23-30.

5 Vgl. dazu die Ergebnisse einer 2017 durchgeführten Umfrage der Körber-Stiftung, in der 56 Prozent der Befragten dieser Aussage zustimmten; nur 41 Prozent lehnten sie ab. Die Studie ist online verfügbar unter: {https://www.koerber-stiftung.de/themen/russland-in-europa/beitraege-2017/umfrage-russland-in-europa-2017}.

6 Eine positive Ausnahme ist die Ruhr-Universität Bochum, dort gibt es an der Fakultät für Geschichtswissenschaft eine Professur für die Geschichte des Osmanischen Reiches und der Türkei.

7 Vgl. als Beispiel für diese Tendenz Konrad Clewing, »Staatensystem und innerstaatliches Agieren im multiethnischen Raum: Südosteuropa im langen 19. Jahrhundert«, in: Konrad Clewing/Oliver Schmitt (Hg.), *Geschichte Südosteuropas. Vom frühen Mittelalter bis zur Gegenwart*, Regensburg: Pustet, 2011, S. 432-553, S. 438, 529; vgl. als Gegenbeispiel, wie man die osmanische Geschichte integrieren kann, Marie-Janine Calic, *Südosteuropa. Weltgeschichte einer Region*, München: C.H. Beck 2016.

8 Zit. nach Patrick Bredebach, *Das* richtige *Europa schaffen. Europa als Konkurrenzthema zwischen Sozial- und Christdemokraten – Deutschland und Italien von 1945 bis 1963 im Vergleich*, Göttingen: V&R Unipress 2013, S. 204.

9 Die Geschichte dieses Raumbegriffs wird u.a. behandelt in Maria Todorova, *Die Erfindung des Balkans. Europas bequemes Vorurteil*, Darmstadt: WBG 1999.

10 Zit. nach Szatkowski, *Die Bundesrepublik Deutschland und die Türkei*, a.a.O., S. 35.

11 Vgl. Sabine Fischer/Günter Seufert, »Transformation misslungen. Die EU, Russland und die Türkei«, in: *Osteuropa* 68/10-12 (2018), Heft 10-12, S. 271-290, S. 278.

12 Vgl. zu den Integrationsproblemen das letzte Kapitel meines Buches über Flüchtlinge, das sich mit deutschen Integrationsängsten und daher näher mit Arbeitsmigranten befasst: Philipp Ther, *Die Außenseiter. Flucht, Flüchtlinge und Integration im modernen Europa*, Berlin: Suhrkamp 2017, S. 318-350.

13 Hans-Ulrich Wehler, »Das Türkenproblem«, in: *Die Zeit* (12. September 2002). Wehlers Artikels, der sich vor allem gegen den EU-Beitritt der Türkei richtete, ist online verfügbar unter: {https://www.zeit.de/2002/38/200238_tuerkei.contra.xml/komplettansicht}.

14 2017 wiederholte Putin diese Aussage, spezifizierte sie jedoch; vgl. »Oliver Stone interviewt Wladimir Putin«, in: *Sputnik Deutschland* (13. Juni 2017), online verfügbar unter: {https://de.sputniknews.com/politik/20170613316141538-putin-sowjetunion-katastrophe/}.

15 Vgl. Anders Åslund, *Building Capitalism. The Transformation of the Former Soviet Bloc*, Cambridge: Cambridge University Press 2002, S. 118.

16 Vgl. Jan Zofka, *Postsowjetischer Separatismus. Die pro-russländi-*

schen Bewegungen im moldauischen Dnjestr-Tal und auf der Krim 1989-1995, Göttingen: Wallstein 2015, S. 290-294. In Abchasien unterstützte Moskau die Separatisten, doch dieser Konflikt kann hier aus Platzgründen nicht behandelt werden.

17 Vgl. dazu u. a. die umfangreiche, 2018 von der Zeitschrift *Foreign Affairs* zusammengestellte Anthologie mit wichtigen historischen Beiträgen; diese sind online verfügbar unter: {https://www.foreignaffairs.com/anthologies/2018-04-02/new-cold-war}.

18 Vgl. dazu Commission of the European Communities: »Wider Europe – Neighbourhood: A new framework for relations with our Eastern and Southern neighbours« (11. März 2003), online verfügbar unter: {http://eeas.europa.eu/archives/docs/enp/pdf/pdf/com03_104_en.pdf}.

19 Ansatzweise wird diese Debatte schon geführt, etwa in den Zeitschriften *Foreign Affairs* in den USA und *Osteuropa* in Deutschland.

20 Vgl. zur Armut in Russland und der Türkei Roland Götz, »Same but different. Russland und die Türkei im statistischen Vergleich«, in: *Osteuropa* 68/10-12 (2018), S. 147-168, S. 159-160.

21 Vgl. die genauen Zahlen in Götz, »Same but different«, a. a. O., S. 166. Demnach exportierte die Türkei in die EU 27-mal mehr als nach Russland und Russland fast zehnmal so viel in die EU wie in die Türkei.

6. Nachwort: Die polanyische Pendelbewegung nach rechts

1 Vgl. zu seiner Biografie und zu seinen Stimmungen erneut Dale, *Karl Polanyi*, a. a. O. Nach dem Ersten Weltkrieg lebte Polanyi krankheitsbedingt in einem Sanatorium bei Wien, er wurde jedoch von Verwandten und Bekannten über die Ereignisse in seinem Heimatland auf dem Laufenden gehalten (ebd., S. 74-76).

2 Kiran Klaus Patel, *The New Deal. A Global History*, Princeton: Princeton University Press 2016.

3 Bálint Magyar, *Post-Communist Mafia State. The Case of Hungary*, Budapest: CEU Press 2016, vgl. zur Korruption vor allem S. 73-105.

4 Details der Preisverleihung mit schönen Fotos sind online verfügbar unter: {http://www.gobertpartners.com/de/veranstaltungen}.

5 Vgl. zu diesem Gesetz Hans-Peter Siebenhaar, »Arbeitsgesetzreform. 400 Überstunden pro Jahr«, in: *Handelsblatt* (12. Dezember 2018), online verfügbar unter: {https://www.handelsblatt.com/politik/international/arbeitsgesetzreform-400-ueberstunden-pro-jahr-skla

vengesetz-versetzt-ungarn-in-aufruhr/2374881 8.html?ticket=ST-1089297-yXutxjx2gOr7HlpcUoiL-ap2}.

6 In Folge der Krise führte die Regierung Orbán mit dem Argument der Budgetsanierung u. a. Sondersteuern gegen Banken, Energieunternehmen, Telekommunikationskonzerne und internationale Supermarktketten ein; internationale Banken mussten in Fremdwährungen vergebene Kredite zu einem vorgeschriebenen Kurs umtauschen; die Regierung erließ überdies Gesetze gegen ausländische Dienstleistungsunternehmen; vgl. dazu ausführlicher Ther, *Die neue Ordnung auf dem alten Kontinent*, a. a. O., S. 242 ff., S. 254 ff.

7 Eines der besten Bücher dazu ist erneut Philip Manow, *Die politische Ökonomie des Populismus*, a. a. O. Er verweist auch auf regionale Unterschiede, z. B. in Deutschland.

8 Vgl. dazu den Memoirenwettbewerb des Dokumentationszentrums Karta über die Transformation, auf den ich im ersten Essay näher eingegangen bin.

9 Gowin tat dies gleich zweimal, erst in einem Fernsehinterview, dann auch auf Nachfrage in weiteren Interviews; vgl. Ada Chojnowska, »Gowin bardziej szczegółowo o repolonizacji mediów«, in: *Gazeta Wyborcza* (24. Juni 2019), online verfügbar unter: {http://krakow.wyborcza.pl/krakow/7,44425,24930942,gowin-o-szczegolach-repolonizacji-mediow.html?disableRedirects=true}. Gowin hat eine schillernde Karriere hinter sich, denn er diente auch schon unter der liberal-konservativen Regierung der Platforma Obywatelska als Minister.

10 Vgl. Peter Baker, »Trump says ›I'd take it‹ if Russia again offered dirt on opponent«, in: *New York Times* (12. Juni 2019), online verfügbar unter: {https://www.nytimes.com/2019/06/12/us/politics/trump-russia-fbi.html}.

Dank

Ich danke erst einmal dem Verlag und meinem Lektor Heinrich Geiselberger für die Ermunterung, dieses Buch zu schreiben und mich auf die Form des wissenschaftlichen Essays einzulassen, für den inhaltlichen Input und die Geduld, als ich ein wenig später fertig wurde als geplant. Die Zeit zum Lesen, Nachdenken und Schreiben verdanke ich einer Einladung der New York University für das akademische Jahr 2018/19 und dort speziell meinem inspirierenden Kollegen und Freund Larry Wolff.

In den letzten Jahren habe ich sehr vom Austausch im Rahmen der Forschungsprojekte »Transformations from Below« und über »Volunteerism« profitiert. Allen daran beteiligten Kolleginnen und Kollegen (speziell Ulf Brunnbauer, Piotr Filipkowski, Ana Kladnik, Thomas Lindenberger, Mojmir Stransky, Peter Wegenschimmel) möchte ich herzlich für die gute Zusammenarbeit danken. Außerdem danke ich Jenny Anderson, Peter Becker, Marcus Böick, Włodzimierz Borodziej, Marco Bresciani, John Connelly, Iris Engemann, Daniel Fazekas, Constantin Goschler, Pavel Kolář, Michal Kopeček, Eva und János Kovács, Paul Kramer, Thomas Lindenberger, Christian Martin, Małgorzata Mazurek, Mitchell Orenstein, Aga Pasieka, Kiran Patel, Joachim von Puttkamer, Tobias Rupprecht, Dieter Segert und Adam Tooze für ihre Einladungen und Einsichten. Marco, Christian und Kiran durfte ich überfallartig Detailfragen stellen, auf die sie bessere Antworten wussten als ich.

Erst- und Zweitleserin diverser Kapitel war meine Frau Martina Steer, ohne ihren Input auf allen Ebenen wäre dieses Buch nichts geworden. Meinen Kindern wünsche ich eine bessere Zukunft, als sich derzeit erkennen lässt.

Politik
in der edition suhrkamp
Eine Auswahl

Bini Adamczak. Beziehungsweise Revolution. 1917, 1968 und kommende. es 2721. 320 Seiten

Louis Althusser. Für Marx. Vollständige und durchgesehene Ausgabe. Herausgegeben von Frieder Otto Wolf. es 2600. 409 Seiten

Bruno Amable/Stefano Palombarini. Von Mitterrand zu Macron. Über den Kollaps des französischen Parteiensystems. es 2727. 255 Seiten

Perry Anderson
- Das italienische Desaster. edition suhrkamp digital. 80 Seiten
- Hegemonie. Konjunkturen eines Begriffs. es 2724. 249 Seiten

Scott Anderson. Zerbrochene Länder. Wie die arabische Welt aus den Fugen geriet. es-Sonderdruck. 264 Seiten

Alain Badiou. Versuch, die Jugend zu verderben. es-Sonderdruck. 111 Seiten

Loren Balhorn/Bhaskar Sunkara (Hg.). Jacobin. Die Anthologie. es-Sonderdruck. 313 Seiten

Wolfgang Bauer
- Bruchzone. Krisenreportagen. es-Sonderdruck. 349 Seiten
- Über das Meer. Mit Syrern auf dem Weg nach Europa. es-Sonderdruck. 133 Seiten

NF 1096/1/03.19

Zygmunt Bauman
- Die Angst vor den anderen. Ein Essay über Migration und Panikmache. es-Sonderdruck. 125 Seiten
- Retrotopia. Übersetzt von Frank Jakubzik. es-Sonderdruck. 220 Seiten

Timm Beichelt. Ersatzspielfelder. Zum Verhältnis von Fußball und Macht. es 2723. 396 Seiten

Ingolfur Blühdorn. Simulative Demokratie. Neue Politik nach der postdemokratischen Wende. es 2634. 304 Seiten

Michael Butter. »Nichts ist, wie es scheint«. Über Verschwörungstheorien. es-Sonderdruck. 270 Seiten

Colin Crouch
- Das befremdliche Überleben des Neoliberalismus. Postdemokratie II. es-Sonderdruck. 248 Seiten
- Postdemokratie. es 2540. 159 Seiten

Demokratie? Eine Debatte. Mit Beiträgen von Giorgio Agamben, Alain Badiou, Jean-Luc Nancy, Slavoj Žižek und anderen. es 2611. 137 Seiten

Matthias Dusini/Thomas Edlinger. In Anführungszeichen. Glanz und Elend der Political Correctness. es 2645. 297 Seiten

Thomas Edlinger. Der wunde Punkt. Vom Unbehagen an der Kritik. es 2693. 317 Seiten

Didier Eribon
- Gesellschaft als Urteil. Klassen, Identitäten, Wege. es-Sonderdruck. 265 Seiten
- Rückkehr nach Reims. es-Sonderdruck. 240 Seiten

NF 1096/2/03.19

Heiner Flassbeck/Paul Steinhardt. Gescheiterte Globalisierung. Ungleichheit, Geld und die Renaissance des Staates. es 2722. 410 Seiten

Heinrich Geiselberger (Hg.). Die große Regression. Eine internationale Debatte über die geistige Situation der Zeit. es-Sonderdruck. 319 Seiten

Hermann L. Gremliza. Haupt- und Nebensätze. es 2715. 159 Seiten

Lukas Haffert. Die schwarze Null. Über die Schattenseiten ausgeglichener Haushalte. es-Sonderdruck. 100 Seiten

David Harvey. Rebellische Städte. Vom Recht auf Stadt zur urbanen Revolution. es 2657. 283 Seiten

Wilhelm Heitmeyer. Autoritäre Versuchungen. Signaturen der Bedrohung 1. es 2717. 394 Seiten

Eva Illouz. Israel. Soziologische Essays. es 2683. 229 Seiten

Uffa Jensen. Zornpolitik. es 2720. 208 Seiten

Dirk Jörke. Die Größe der Demokratie. Über die räumliche Dimension von Herrschaft und Partizipation. es 2739. 283 Seiten

Ivan Krastev. Europadämmerung. Ein Essay. Übersetzt von Michael Bischoff. es 2712. 143 Seiten

Benjamin Kunkel. Utopie oder Untergang. Ein Wegweiser für die gegenwärtige Krise. es 2687. 246 Seiten

NF 1096/3/03.19

Bruno Latour. Das terrestrische Manifest. es-Sonderdruck. 136 Seiten

Philipp Lepenies. Die Macht der einen Zahl. Eine politische Geschichte des Bruttoinlandsprodukts. es 2673. 186 Seiten

Philip Manow
- Im Schatten des Königs. Die politische Anatomie demokratischer Repräsentation. es 2524. 171 Seiten
- Die Politische Ökonomie des Populismus. es 2728. 160 Seiten

Steffen Mau. Das metrische Wir. Über die Quantifizierung des Sozialen. es-Sonderdruck. 307 Seiten

Steffen Mau/Nadine M. Schöneck (Hg.). (Un-)Gerechte (Un-)Gleichheiten. es 2684. 208 Seiten

Lorenzo Marsili/Niccolò Milanese. Wir heimatlosen Weltbürger. es 2736. 280 Seiten

Markus Metz/Georg Seeßlen. Freiheit und Kontrolle. Die Geschichte des nicht zu Ende befreiten Sklaven. es 2730. 461 Seiten

Chantal Mouffe
- Agonistik. Die Welt politisch denken. es 2677. 214 Seiten
- Für einen linken Populismus. es 2729. 110 Seiten
- Über das Politische. Wider die kosmopolitische Illusion. es 2483. 169 Seiten

Heiner Müller. »Für alle reicht es nicht«. Texte zum Kapitalismus. es 2711. 389 Seiten

NF 1096/4/03.19

Jan-Werner Müller
- Verfassungspatriotismus. es 2612. 155 Seiten
- Was ist Populismus? Ein Essay. es-Sonderdruck. 159 Seiten

Oliver Nachtwey. Die Abstiegsgesellschaft. Über das Aufbegehren in der regressiven Moderne. es 2682. 264 Seiten

Neuer Antisemitismus? Fortsetzung einer globalen Debatte. Mit Beiträgen von Judith Butler, Dan Diner, Tony Judt, Matthias Küntzel, Moshe Zimmermann und anderen. es 2740. 494 Seiten

Claus Offe. Europa in der Falle. es 2691. 160 Seiten

Miltiadis Oulios. Blackbox Abschiebung. Geschichte, Theorie und Praxis der deutschen Migrationspolitik. es-Sonderdruck. 512 Seiten

Volker Perthes. Das Ende des Nahen Ostens, wie wir ihn kennen. Ein Essay. es-Sonderdruck. 144 Seiten

Heribert Prantl. Trotz alledem! Europa muss man einfach lieben. es-Sonderdruck. 93 Seiten

Katharina Raabe/Manfred Sapper (Hg.). Testfall Ukraine. Europa und seine Werte. es-Sonderdruck. 256 Seiten

Hanno Rauterberg. Wie frei ist die Kunst? Der neue Kulturkampf und die Krise des Liberalismus. es 2725. 141 Seiten

César Rendueles
- Soziophobie. Politischer Wandel im Zeitalter der Utopie. es 2690. 262 Seiten
- Kanaillen-Kapitalismus. Eine literarische Reise durch die Geschichte der freien Marktwirtschaft. es 2737. 300 Seiten

NF 1096/5/03.19

Carlo Strenger
- Abenteuer Freiheit. Ein Wegweiser für unsichere Zeiten. es-Sonderdruck. 122 Seiten
- Diese verdammten liberalen Eliten. Wer sie sind und warum wir sie brauchen. es-Sonderdruck. 180 Seiten
- Zivilisierte Verachtung. Eine Anleitung zur Verteidigung unserer Freiheit. es-Sonderdruck. 104 Seiten

William T. Vollmann. Arme Leute. Reportagen. es-Sonderdruck. 335 Seiten

Slavoj Žižek. Auf verlorenem Posten. es 2562. 319 Seiten

Gabriel Zucman. Steueroasen. Wo der Wohlstand der Nationen versteckt wird. es-Sonderdruck. 118 Seiten

Michael Zürn/Matthias Ecker-Ehrhardt (Hg.). Die Politisierung der Weltpolitik. Umkämpfte internationale Institutionen. es 2659. 412 Seiten

NF 1096/6/03.19